# 隱形澳門

被忽視的城市與文化

李展鵬 著

Invisible Macau

謹以此書獻給我的父母：
李炯龍先生及林妙雲女士

大三巴是聖保祿教堂的遺址，是十七世紀初遠東最大的教堂。（黃文輝攝）

聖老楞佐堂有四百多年歷史，是中國最古老的教堂之一。(黃文輝攝)

議事亭前地的波浪紋葡式地磚，跟里斯本街上的一模一樣。(陳顯耀攝)

由葡式瓷磚製成的路牌上有中葡對照的街名。（黃文輝攝）

金都
GALAXY
GALAXY

過去十年，一座座彷如巨獸的賭場酒店在路氹城拔地而起。（陳顯耀攝）

一座座大型賭場酒店雄據了澳門的天際線。（陳顯耀攝）

澳門的住宅區有當舖林立。（黃文輝攝）

西望洋聖堂後方建了高樓，破壞世遺景觀。（陳顯耀攝）

推薦序

# 從世界回望本土，以澳門思考台灣

胡川安／「故事：寫給所有人的歷史」網站主編
中央研究院歷史語言研究所博士後研究員

《隱形澳門》使我想起卡爾維諾的《看不見的城市》，有一段讓我反覆吟詠，且回味再三的段落：

城市不會洩漏自己的過去，只會把它像手紋一樣藏起來，它被寫在街巷的角落、窗格的護欄、樓梯的扶手、避雷針下和旗桿上，每一道印記都是抓撓、鋸銼、刻鑿、猛擊留下的痕跡。

城市的過去不會消逝、不會「隱形」、不會「看不見」，只要一代一代的人繼續凝視、講述、表演和反思，城市就會被看見、現身和看得見。

大中華區我們經常說「兩岸三地」，澳門在其中是不見的。台灣人常稱的「港澳」，內心所投射的對象往往是香港，而非澳門。澳門感覺很近，卻有點模糊，說不清它的樣子，形象並不是太鮮明，印象中似乎只有賭場和蛋塔，再追問下去，也只大概知道澳門曾經被葡萄牙殖民，但澳門人的想法、生活和文化，則說不出個所以然。

李展鵬的《隱形澳門》就是說出澳門之所以模糊的原因，讓隱形的城市得以現形。我曾經旅居過不少地方，像是：中國、法國、美國和加拿大，對我而言，一離開台灣，所有遭遇到的人事物都是生活中的比較，也是在國外才讓我反思台灣的獨特性和普遍性，所以我將魁北克的生活經驗寫成《絕對驚豔魁北克：未來台灣的遠方參照》一書，雖然寫的是魁北克，內心想的卻是台灣。

在異鄉才會看到原鄉的差異，李展鵬也是從澳門離開後，旅居不同的地方，才開始追問自己的身分、文化和認同，也才有本土的覺醒，思索澳門在台灣、香港和中國，甚至是世界當中的位置。

作為一個台灣人，也是一位歷史學者，讀《隱形澳門》特別有體悟。台灣與澳門的歷史有不少的相似性，在近代歐洲殖民亞洲的過程中，荷蘭人本來打算殖民澳門，但被葡萄牙人打敗後，才看上了台灣，將台灣作為她在東亞的基地。如果當初荷蘭人打敗了葡萄牙人，澳門與台灣的歷史將被改寫。

從文化的接觸來說，日本人殖民台灣五十年，在台灣留下不少的日本文化；葡萄牙人對於澳門的統治，也在澳門的文化烙印出相當多的痕跡，台灣和澳門都浸染和混合了殖民者的文化，所以雜揉出既不是原來文化，也不是殖民母國傳播而來的東西，創造出一種第三種文化，介於兩者間，但又不屬於彼此的混和體，在飲食、建築、語言和認同都可以看見。

一個在大中華區隱形的城市，在回歸中國後，自己的認同和文化表述越來越強烈，一種有別於中國、台灣和香港的本土意識逐漸萌芽，但與香港、台灣間的發展過程又不相同。澳門是否能透過自身的經驗，走出一條自己的路，將來成為台灣的參照呢？

這個問題的答案是開放的，但只有透過理解澳門，才會有豐富和完整的答案，《隱形澳門》無疑地是給台灣人一個思考類似問題的書。可以透過這本書理解城市的紋理，看到澳門的文化、生活訊息和歷史記憶。

推薦序

# 你說，澳門到底有什麼好？

阿潑／《憂鬱的邊界》作者

大學時期，班上有幾個來自日本、馬來西亞等地的外籍生。當我與他們交流時，不會多問他們的背景與生活，現在回想，倒不是沒興趣，僅是擔心洩漏自己的無知。這群來自異鄉的同學中，自然也包含港澳兩地的「僑生」，面對香港同學很是輕鬆，只要模仿港片說話就有某種文化默契，但澳門同學呢？除了一樣操弄廣東腔國語外，不知道還能擺弄些什麼。即使我們都是好同學，但他們在台灣學生為主的群體裡，終究有些邊緣，有點隱形，因為缺乏一種可以正面對應的認識來談論彼此。

我曾以為李展鵬不是這樣的。李展鵬是大我兩屆的學長，在系上有點小名氣，還擁有一種歐式殖民地長成的文化氣質，我便認為他很懂澳門，對自己的文化有自信。畢業多年後，在台北國際書展的空間裡與他談論「他的澳門」，這才知道他當時對澳門的理解恐怕也沒有比我們多幾分。他跟我們一樣愛香港明星跟電影，對香港如數家珍，但對澳門的瞭解跟我們在學校學到的歷史相同。怎麼會這樣？

而我之所以會特意找他聊澳門，源於一次澳門旅行經驗。我必須承認當時自己僅因追尋香港導演王家衛的電影場景而去，而非澳門本身；但到了目的地，發現從出版、音樂、報章電視無一不是「香港製造」，讓我訝異非常：「除了賭場，這個地方還有什麼是自己的？」然而，我眼前所見的風景分明迷人且精緻，我在書店翻讀的澳門故事顯然值得驕傲，澳門是西方價值的進入口，是維新革命重要導師的故鄉，為何他們認為自己貧乏到只有賭場？

當我們提出造訪小漁村的要求時，當地人很疑惑，甚至質疑：「澳門有什麼好？為什麼你們要來澳門看這種沒用的東西？」

澳門有什麼好？我想了很久，其實比起香港，我更喜歡澳門。最終，當我把這問題與感想一股腦兒地全丟給李展鵬時，他略有深意地告訴我：「澳門人不知道自己有什麼，自己有多好。」當然包含他自己。

這些年，李展鵬雖還是瘋狂愛著香港的東西，愛著梅艷芳，我發現他也越來越常寫澳門，推動的事也越來越本土。我想起他跟我提過自己的追尋：畢業後，他到了英國讀書，而後去葡萄牙遊歷，發現到了天涯盡頭看到的竟是自己的土地。而這一段歷程，就在《隱形澳門》裡。我只能說，等這本書很久了。

葡國人在西望洋山頂上建了聖堂，
聖母像居高臨下。（陳顯耀攝）

導論

# 讓隱形城市現形

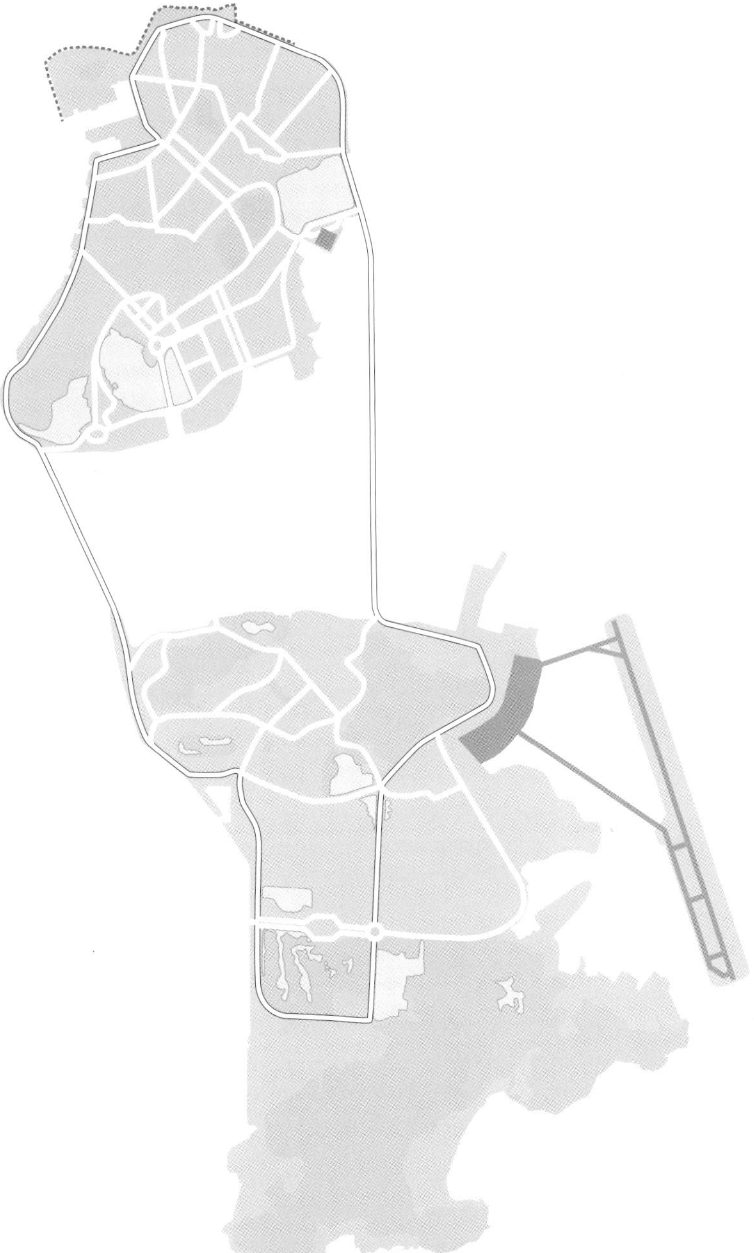

## 澳門是個隱形城市

澳門當然是存在的，但卻被視而不見。長久以來，華人慣用的「中港台」及「兩岸三地」等字眼，完全視澳門為隱形。很多關於兩岸社會的討論，也會輕輕跳過澳門，彷彿澳門並不存在，又或是澳門經驗不值一提。究竟，澳門為何長期隱形？

在兩岸華人社會中，澳門受忽視是可以理解的；澳門地方很小，經濟地位不顯著，而且形象模糊，太少文化輸出，以致兩岸都常常看不到澳門。小小的澳門，在「中港台」的大概念中完全隱形，而「港澳」這概念指的又常是香港。儘管澳門在政經社會各方面都其實跟香港截然不同，但澳門卻在香港的巨大身影後面不被看見。外面的人都知道澳門，說得出澳門有很多賭場，有大三巴，有葡式蛋塔及葡國雞，曾經被葡萄牙殖民，但就僅此而已，很少有進一步的了解。

不只別人看不見澳門人，澳門人有時也看不見自己。我自己就是一個活生生的例子。

## 我的幾次本土覺醒

在澳門土生土長，我很長一段時間幾乎從不深究澳門的特質與價值。在台灣讀大學時，我開始隱約察覺到自己對澳門無知，卻也不會視之為一個問題。每當有台灣朋友問起澳門，我發現自己只能提供寥寥數語的介紹：「澳門很小」、「澳門沒香港繁忙」、「賭場生意是澳門的重要收入」，非常浮淺。偶爾有人細問下去，我已經沒法多說什麼。儘管如此，我事後卻也不會著緊去惡補澳門知識，彷彿身為澳門人而不熟悉澳門並非什麼令人慚愧的事。

我在澳門的舊區長大，卻對那裡負載的澳門歷史文化價值視而不見。葡國人早於十六世紀中葉登陸澳門，並在澳門半島南部定居，形成了中國最早的歐洲人社群。他們建房子、建教堂，留下了數百年的足跡。而我，就在這個區域——風順堂及議事亭前地一帶——長大。陪伴我成長的，是家裡旁邊的教堂鐘聲，是我家附近的歐洲式劇院。

然而，當時的我從來不會去問：我家旁邊的教堂究竟有多久歷史？為什麼這一區那麼多古舊的西洋建築？葡國人以前在這裡做過什麼？這個安靜的住宅區其實隱埋了什麼歷史？第一次的覺醒，是我在二〇〇二年因為教學上的需要，首次粗略地了解澳門歷史：原來對比香港在清末才割讓給英國，澳門早在明朝已有葡國人定居！原來曾經有三百年的時間，澳門同時有明清官府及葡國人自治機構！而且，原來葡國人最早在澳門定居的地方不在別處，正正就是我成長的舊區！

第二次的覺醒，是二〇〇五年澳門申報世界文化遺產。因為答應了香港一本刊物寫文章，我看了不少相關資料。當時，我首次從歷史審察這一區的建築，更是驚訝連連。我家旁邊的教堂，原來是全中國最早的西洋教堂之一；我家附近的崗頂劇院，是中國第一座西洋劇院；而我長大的區域，正正就是後來登上聯合國世界文化遺產名錄的「澳門歷史城區」！在這一區生活了二十多年的我，竟然要靠聯合國去確認這裡的價值。

又過了好幾年，有一次，我在倫敦參觀交通博物館，了解到倫敦的公共交通系統發展。該館介紹，倫敦的公共交通大概起始於十九世紀初，在此之前，只要從泰晤士河畔市中心的西敏寺或聖保羅大教堂，往城市外圍走半小時的路，眼前都是荒蕪一片。這叫我異常震驚，倫敦是西方文化名城，有深厚歷史，但原來，除了市中心地帶，今天倫敦大部分地區的建築歷史，還遠遠沒有我長大的風順堂區那麼久遠。這麼多年來，為何澳門人如我只仰望倫敦這種西方名城，卻看不見腳下的澳門？

## 逆反幻覺：對澳門視而不見

既然澳門絕非沒有價值可以發掘，為何一直以來無論是澳門內外的人都渾然不覺？

澳門的基礎教育中甚少本土元素，中小學用的是香港或中國大陸的教科書，裡面自然沒有關於澳門的內容。澳門缺乏多元的媒體市場，媒體多年積弱，沒能推動本土文化。另外，澳門的本土學術研究累積亦少。澳葡政府多年不發展大專教育，直到一九九一年才設立第一所公立大學澳門大學。長久以來，有關澳門歷史、文學、政治、社會的研究低度發展。

連澳門人自己都不太了解澳門，外地人就更不用說了，因為澳門的文化輸出一直很弱。試想，一個生活在台北、香港或上海的人，日常生活有多少機會接觸關於澳門的資訊？他有沒有買過一本澳門小說、聽過一首澳門人創作的歌、看過一部澳門題材的電影？澳門也不乏人從事不同領域的創作，但因為缺乏商業發行通路，這些作品大多走不出去，以致外人對澳門的印象一直單一又平面，只是新聞偶爾會報導的賭業生意，或是旅遊雜誌偶爾會介紹的澳門風光美食。

如是，有關澳門的種種，學校不教、媒體少講、研究又少，本地人一知半解，外地人就更無從認識。結果，澳門也就少有被討論、探索，澳門也就似乎從來不是一個「問題」——一個連它的獨特性都沒有被說明的地方，又如何成為人們討論的焦點？因此在以往，不管是澳門人或外地人談起澳門，都只是輕輕一句「澳門是個很小的賭城」或是「澳門人很有人情味」就可以概括。除此之外，澳門還會有什麼問題？大概沒有了！

歸根究底，澳門的本土性缺乏堅實的論述基礎。學者Ackbar Abbas曾在其名著《Hong Kong: Culture and the Politics of Disappearance》[1]用「逆反幻覺」（Reverse Hallucination）這概念去討論香港：幻覺是指看到不存在的東西，逆反幻覺是指事物明明擺在眼前，卻沒有被看到。Abbas的意思是，香港背負了太多的陳腔濫調，例如「文化沙漠」及「中西交流」等標籤都令人無法看到真正的香港，反而令很多人對香港很多東西視而不見。他的這本著作，就主要從城市空間、香港電影及文學去還原香港的趣味、價值與文化力量。

「逆反幻覺」這個概念，可能更適合用於澳門。香港至少在某些領域曾作出豐富的自我書寫，例如西西及也斯等作家的作品，周星馳、王家衛、張國榮等人代表的港式流行文化，也有學者與評論人梳理香港文化，例如從Abbas、馬傑偉到梁文道的研究。對比之下，澳門無論是自我表述或自我梳理都弱得多，沒有建立一個了解及閱讀澳門的框架。就像廣東人說的「老鼠拉龜」，無從著手。

大概在二〇〇七年，開始寫博士論文不久之後，我有天跟幾個也正在讀研究所的澳門朋友閒聊，才發現大家的論文題目都跟澳門無關：研究城市空間的朋友選了香港公共房屋，研究文學的朋友選了中國現代詩，至於研究媒體的我則選了香港的電影與流行文化。當時，我們都頗感可惜，並有同一感想——如果晚幾年才進研究所，也許我們就會以澳門作論題了。因為當時澳門還不是一個「問題」，沒多少人有興趣研究。

## 澳門終於成為一個「問題」

那麼，澳門是從什麼時候開始成為一個被談論與關注的「問題」呢？

主要的導火線是澳門政府在二〇〇二年宣佈開放賭業市場，引入大型外資賭場酒店，又適逢中國大陸開放自由行政策，幾年之間，澳門一下子躍身成為亞洲知名旅遊城市，經濟表現羨煞旁人，名利雙收，但同時，社會也衍生各種問題。

澳門以往雖然不算富裕，但以生活閒適著稱。澳門地方小，以前交通方便，物價

1 Abbas, A. (1997), *Hong Kong: Culture and the Politics of Disappearance*, Hong Kong: Hong Kong University Press

低，房價低，雖然欠缺活力，但生活品質倒也很不錯。然而，大力發展賭博旅遊業之後，澳門的交通、房屋、醫療等各種問題湧現，這逼使一向不關注社會時事、少談論本土話題的澳門人也不得不直視這城市的種種問題。

在過去十數年的社會劇變中，澳門已經成為一個「問題」，它開始被視為獨特的個案被關注，它開始慢慢走出那個漠視差異的「港澳」概念，不少「澳門議題」漸次浮現，甚至成為澳門人掛在口邊的話題。

因為社會問題嚴峻，多年來忽視本土議題的澳門人猛然醒悟，像個缺席多時的學生惡補功課，一下子討論各種話題。以往，沒有人關心澳門的城市空間，然而，當澳門的土地被賭場佔據，世遺景觀被高樓破壞，我們開始明白城市空間應該好好規劃、文化景觀應該好好保護。以往，很少人討論澳門的公民社會，多年在殖民統治之下的我們不關心政策，終於，面對近年連串的社會問題與政策失誤，我們開始意識到表達意見、參與政事是公民職責。

以往，很少人關心澳門的文化歷史，直到有了世遺的加冕，再經幾次文化遺產的保衛戰，我們開始有意識的關心本土文化歷史，甚至是相關的文物保護法例。以往，很少人以澳門為題創作藝術，我們認為澳門又小又悶，沒什麼故事可以寫，然而，因為本土意識覺醒，以及對社會的關注增加，澳門突然變得極有書寫價值，因為它是一片少有被書寫的荒地。

與此同時，外地媒體對澳門的興趣也增加。尤其是香港，在旅遊雜誌及電視節目中，澳門出現的頻率越來越高，事實上，由於地利之便，香港人在澳門旅客排行榜中一直穩佔僅次於大陸的第二位；在經濟版面，澳門的旅遊業、房地產市場、賭場股票的表現常是熱門話題；在政治版面，澳門政府的舉措(如派錢等)亦往往成為焦點。

在大陸及台灣，關於澳門的新聞亦顯著增多。二〇一七年的颱風天鴿吹襲澳門，災情嚴重，台灣媒體亦會去問：富裕的澳門為何在颱風中不堪一擊？有關澳門的種種，一時間在外地的曝光率大增，澳門終於漸漸脫離隱形的狀態。

幾年前，香港一份刊物要做個關於澳門的文化專題，約我訪談。我問記者為什麼會想做個這麼嚴肅的題材，她一臉認真說：「我們香港人一直消費澳門，是時候認真了解這個地方了。」的確，每年有三千多萬的遊客去澳門玩樂，然而，有多少人嘗試了解這個地方的歷史文化與當下處境？

只有當各種「澳門問題」被檢視、被談論、被書寫，澳門才能「現形」，澳門的獨特性才會浮現，澳門人及外地人才不會對「兩岸三地」中澳門的缺席習以為常。

## 台灣人如何閱讀澳門？

澳門的問題不只是澳門的問題，而是有跨地域價值。那麼，對於今天的台灣人來說，「了解澳門」的意義是什麼？

台灣人看澳門歷史，其實十分有趣。以往談兩岸淵源，我們的討論常常是「土向」的，多強調兩者共有的中華文化土壤，同文同種。然而，澳門跟台灣的聯繫也可以是「水向」的：數百年前，台南跟澳門同樣是最早跟大量歐洲人接觸的華人城市。

在十七世紀，荷蘭人對中國南門戶虎視眈眈，進攻澳門，與葡國人開戰。結果，荷軍敗陣，把陣地轉到台南。如果葡國人戰敗，澳門與台灣的歷史都會隨之改寫。原來，台灣跟澳門共享了一段世界歷史——那是早期歐洲航海事業對亞洲的衝擊。因此，兩地的文化都有外向的特質。了解澳門，也許可以令我們更了解台灣。

台南與澳門其實是兩張歷史悠久的羊皮紙重寫本（Palimpsest）。古人用羊皮紙作紀錄，並會重複使用，每隔一段時間，他們會把字擦掉，然後寫上新的字。但是，由於舊有的字難以完全抹去，紙上會有顏色深淺不一的新舊文字並存。就正如一個地方的文化在不同年代被不同的人創造改寫，最後變成複雜的體系，仿如一張不斷被塗抹與書寫的羊皮紙。

台南的赤崁樓就累積了不同時代的痕跡。荷蘭人數百年前建的城堡，遺址仍有殘留；清代在其上建的書院與廟堂，至今屹立著；日治時代，赤崁樓又再被改建。安平古堡也是異曲同工，它是十七世紀荷蘭人所建的堡壘，鄭成功驅逐荷蘭人後繼續用作城堡，後來日本人則把它改建成海關宿舍。這些古蹟正是台灣的縮影：不同時代的不同政權與文化，形塑了這個人種與文化都多元的小島。

澳門又如何？在十六世紀中葉葡國人進駐之前，澳門是小漁村。之後，葡國人定居澳門，跟明清兩朝的官員和平共處達三百年之久。葡國人帶來的不只是歐洲文化，還有他們在航海過程中從馬來西亞及印度等地學來的東西。這種文化跟中國的嶺南文化碰撞，之後來自中國五湖四海的移民亦把不同文化帶到澳門。澳門文化相當混雜，是另一張羊皮紙。

台南與澳門的案例，都為近年流行的本土主義提供了有力說明。所謂的「本土」往往是一種由眾多外來事物構成的混合體。越古老的東西，有時不是越純正，而是越不純；歷史越久，就越可能摻雜了不同文化。身為澳門人，當我看到台南的城市年輪，我亦首次發現了澳門跟台灣的一種很少談論的聯繫。

除了歷史文化，今天的澳門亦為台灣提供某種參照：發展賭博旅遊業究竟是怎麼回事。過去幾年，澎湖兩次公投反對開賭場，金門的反賭方亦在公投大獲全勝，但二

○一二年馬祖的博奕公投過關。雖然最重要的《離島觀光賭場管理條例》未有下文，但未來台灣仍有可能開賭場。就算不開賭場，大力發展旅遊業已是台灣的不二方向。

旅遊業掛著一張歡樂的臉，被稱為是零污染的無煙工業，但它是否如此潔白無瑕？當一個地方大力發展旅遊業，重要建設都是為了遊客，大量人口為旅客服務，這會帶來什麼畸形發展？近年在台灣已有問題漸次浮現，包括旅遊熱點人滿為患，造成環境污染，不良經營手法橫行，以及刻意建設與當地格格不入的人工景點等。

在西方，早有大量著作及研究揭示旅遊業不光彩的一面，而鄰近台灣的澳門正正就在過去十年發展驚人的賭博旅遊業而致富，如今的人均GDP已是亞洲第一，但卻惹得澳門人怨聲載道，抱怨生活品質下降，社會風氣敗壞，城市景觀被破壞，交通系統不勝負荷。澳門走過的軌跡，值得台灣參考。

## 書寫澳門的機緣

二○○五年秋天在英國，我開始了博士生生涯，讀的是媒體與文化研究。最初，我鎖定了研究華語電影中的城市空間呈現，埋首閱讀不同學派的空間理論。讀著讀著，我竟不斷想到澳門：澳門的獨特城市結構、城區的階級分野、天際線的權力隱喻等等。英國的秋天，日照時間越來越短。我常常在學校的圖書館，興奮難抑地看書，思索關於澳門的種種，直到窗外天色轉暗。在澳門生活了那麼多年，我竟然要到了地球的另一端，才看到很多我從來沒留意的事物。

是幸運也是緣份，我後來適逢其會參與了一個重要的轉捩點。發展賭業後，很多本土議題突然成了熱點，然後，媒體提供了新的評論空間，社會也似乎在呼喚一些新的聲音。我遇上了這個時刻，受邀做電視及電台節目，寫長篇幅評論，也偶爾為香港、台灣及大陸的報刊撰文談澳門。

討論澳門的主流取徑自是政治、經濟及社會學等，但是，很多現象也需要新興學科的視野，諸如有關全球化、城市空間、身份認同、後殖民文化的議題。讀文化研究的我，就順理成章地用所學的去討論澳門。

我的宏願，是把澳門問題的世界性書寫出來。澳門是一個邊緣之地：地理位置上，它處於中國沿海；歷史上，它代表民族恥辱；政治上，它曾是殖民地；文化上，澳門的中葡混雜文化有別於中華母體。到了今天，它又是個經濟結構特殊的賭城、政治地位特殊的特區。無論從什麼方面，澳門似乎總是跟正統、主流沾不上邊。

然而，澳門的邊緣狀態又甚具代表性：例如，正因其位處國土邊緣又曾被葡國人佔據，因此它才會是中國歷史上最早跟西方碰撞的地方，又例如今天在澳門流動的跨國資金與各國人口，又使它成為探討全球化的上佳案例。無論是在數百年前的航海時代，或是在今天的全球化浪潮中，澳門都恰恰在世界潮流的風眼中——即是說，邊緣狀態令澳門處於某種中心。

這本書累積了我過去十年對澳門的觀察與思考，全書分為四章。第一章「大三巴背後的故事」談歷史與文化，除了簡述澳門的特殊歷史以外，也從建築、城市結構、葡國菜，以及港澳的微妙關係去討論澳門的混雜文化；第二章「三千萬遊客的一夜情」談開放賭業市場之後的巨變，從二〇一七年天鴿颱風曝露的問題、政府派錢的措施、旅遊業的過度發展、城市空間的變異，談到階級社會的浮現；第三章「遲來了數百年的初戀」談身份認同，討論「我愛澳門」這論述的出現，以及本土身份如何在建立在懷舊情緒及排外心態之上；第四章「自己故事自己講」談本土創作，分析電影、繪畫及戲劇這三種作品如何反映了過去十多年澳門人對城市問題的思考、對本土身份的探索。

## 在自己的房間旅行

英國作家艾倫狄波頓（Alain de Botton）寫過一本很好看的小書《旅行的藝術》[2]。在全書結尾，他提到一種備受忽視的旅行方式——在自己的房間旅行。他鼓勵我們帶著好奇的目光去觀察跟自己生活最接近的地方，並保證會有新發現。澳門很小，但澳門人有時候並不真的認識腳下這小城。在自己的房間旅行，可以充滿刺激與驚喜，問題只在於我們有沒有敏銳的眼睛與關切的心。更妙的是，一個房間又可以反映外面的世界。

了解澳門，其實不只是為了澳門。澳門的故事，訴說了一段獨特的殖民歷史，說明了一個現代賭城的特異經驗，展示了一種在兩岸社會獨一無二的文化風貌。讓澳門告別隱形狀態，讓它的故事現形，會為我們了解世界提供多一個參照。

我不敢說我對澳門的昨日與今天了然於胸，但就讓我這個澳門人帶著一雙文化研究的眼睛，跟大家一起發掘我這個小房間的趣味。

2 艾倫狄波頓著，廖月娟譯，《旅行的藝術》，台北：先覺，2002

# 第一章——澳門歷史文化

## 大三巴背後的故事：

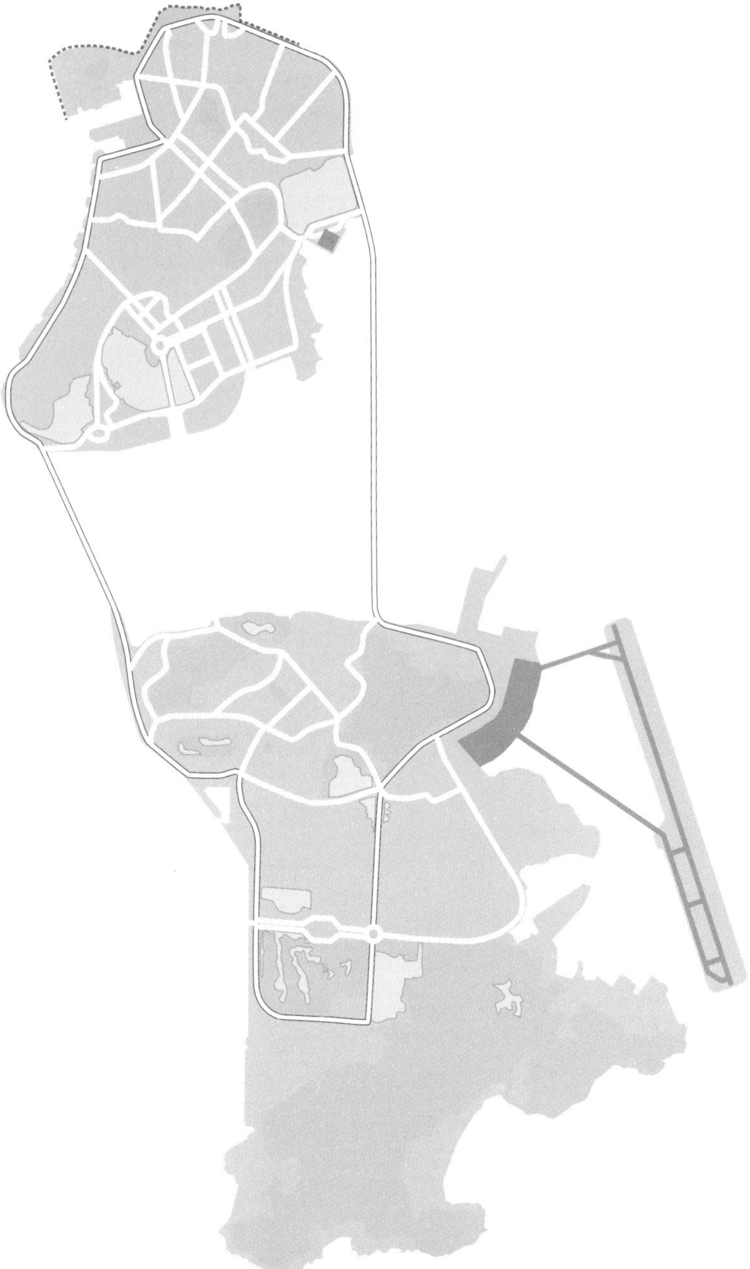

當你品嚐葡式蛋塔，你可想過這口香甜背後的文化？當你在大三巴牌坊前拍照打卡，你可有想過這教堂遺址的歷史？華人城市之中，唯有澳門有數百年的「華洋共處分治」經驗，小城中同時存在明清朝廷及葡國人政府；澳門的歷史城區隱藏著中國許多的「第一」，這一區有著類似於歐洲古城的結構肌理；澳門著名的葡國料理其實是在葡萄牙找不到的，這是數百年前就有的fusion菜式（融合菜）；澳門跟香港有明顯差異，但又深深受到香港這鄰居及大哥的影響……。這些關於澳門歷史文化的故事，既陌生又重要。

## 第一節　在媽閣廟相遇的中西方：澳門歷史

一個人要走多遠的路，才能認識自己？一個人要走遍多少地方，才能了解自己的城市？某年夏天，我到訪一個面向海洋的歐洲國家；當我身處地球的那一端，竟發現自己多麼接近澳門。

像很多澳門人一樣，在澳葡殖民政府管治下長大的我，對葡萄牙並沒有多大的親切感與認同感。在澳門這殖民地長大，我們不學葡文，不懂葡國歷史，葡裔朋友不多，對葡國文化的了解非常淺薄。事實上，葡萄牙不像英國，在香港留下健全的法制、優良的高等教育、完備的基礎建設等令人稱許的遺產。因此，當一九九九年澳葡政府一走，我們就似乎可以跟這個歐洲國家一刀兩斷了。然而，事實真的是這樣嗎？

受惠於歐盟的制度，當年我在英國讀研究所時，因為持有葡國護照而得到一些便利及優惠。這令我開始思考：我跟葡萄牙真的沒有任何關係了嗎？於是，一出生就有葡國護照的我終於在二〇〇八年展開了人生中首次的葡萄牙之旅。在那次旅程中，我在遙遠的國度回望澳門，想不到，這遠距離的回望比起平時近距離的觀看，更能令我了解澳門。

跟很多人一樣，一踏進里斯本，我首先因為視覺上的熟悉感而驚訝：「哇，這個廣場的石磚圖案跟澳門議事亭前地的是完全一樣的！」「哇，原來在澳門很多地方都有的小咖啡亭，就是複製自葡萄牙的！」「嗯，這間教堂跟我們的聖安多尼堂有八成相似嘛！」「嗯，里斯本整個城市的起伏山勢，跟我長大的風順堂及大堂一帶很類似呢！」除了視覺，還有耳熟能詳的名字：我家附近的一間酒店，就是取名自葡萄牙的一個美麗小鎮Sintra！

然而，如果在葡萄牙只是要尋找澳門的影子，這趟旅程就不值得銘記了。在葡萄牙時，我企圖尋找澳門的根源，但我卻驚訝地發現那條所謂的「文化的根」並不是一條緊緊抓住泥土的根，而是漂浮的、分散的、眾多的根。那些根沒有引導我到一個特有的文化源頭，而是把我帶到很遠很遠。原來，澳門受到葡國文化影響及塑造，而葡國文化本身也受到其他文化的影響及塑造。

在葡萄牙，要談什麼是「純正葡國文化」並非易事。請看以下的代表性「葡國文化」：葡萄牙著名的彩繪瓷磚，原來源自阿拉伯；曾經有好幾百年，葡萄牙被來自穆斯林世界的摩爾人統治，這些摩爾人除了留下瓷磚繪畫的工藝，還留下了頗為完整的阿拉伯式城堡遺址。世界著名的葡國法朵(Fado)怨曲，原來是受非洲奴隸音樂的影響；

在歐洲稱霸世界的殖民時期，葡萄牙輸入黑奴，也輸入了外來文化。至於葡萄牙鼎盛時那美不勝收的曼努埃爾（Manueline）建築，更是集印度、中東、義大利、葡國風格於一身，那是當時葡國人遊遍世界的明證，他們把世界各地的建築風格帶回葡萄牙。

這種葡國文化也許就是我們今天說的世界主義（cosmopolitanism）的最早形式。當我以為可以簡單地把澳門跟葡萄牙直接聯繫起來的時候，卻發現葡國文化本身就是由其他文化拼湊而成；一條從澳門連到葡萄牙的線，又從葡萄牙連向了中東、非洲，並又回到亞洲。這為我思考澳門文化提供了很重要的啟發：就像葡萄牙一樣，澳門的文化根源不是單向的、固定的、封閉的，而是混雜的、多元的、外延的。而葡國人帶給澳門的文化，就是一個複雜的混合體。

澳門是一個移民城市，人口中有廣東人、福建人、北方人，它的中華文化來自中國五湖四海。另一方面，作為中國最早有歐洲人聚居的城市，澳門的西方文化是來自一個曾經幾乎走遍世界的歐洲國家。至於多年在澳門居住的泰國人、越南人及緬甸華僑，以及近十年來澳門工作的菲律賓人、印尼人及尼泊爾人等，則為澳門注入了東南亞文化。澳門雖小，卻有數百年的文化混雜經驗，澳門文化是一杯你喝下去時不會馬上分得清混了什麼材料的雞尾酒。

那次葡萄牙之旅，我最美好的回憶是隨便登上一架纜車，穿行於狹窄而起伏的里斯本街道之中。那感覺，有點像在澳門坐巴士；尤其是18號巴士從南灣湖到媽閣廟一段，真的頗有里斯本的味道。然而，我知道我在葡萄牙找到的不只是熟悉感而已，更重要的是，葡萄牙讓我有了新的角度思考澳門文化。

## 速度越高，遺忘得越快

「澳門發展得真快！」近十多年來，很多人都對於全面發展賭博旅遊業而致富的澳門有這樣的感覺。一個「快」字，無論是褒（好厲害的快）或是貶（令人受不了的快），都彷彿概括了澳門的情況。這個簡單的「快」字，該如何拆解？

「速度是技術革命給人類的一種迷醉的方式。和摩托車騎士相反，跑步者始終待在自己的身體中，必須不斷地想到自己的腳繭和喘息；……當人被機器賦予了速度之後，一切便改變了。自此之後，他的身體處在遊戲之外，他投身於一種無關肉體的、非物質的速度之中……」[1]米蘭昆德拉在他的小說《緩慢》中這樣討論現代社會的速度。他又這樣畫龍點睛：「速度的高低與遺忘的快慢成正比。」[2]

米蘭昆德拉小說一向被認為有濃烈的政治味道，他這部《緩慢》也被評論人這樣解讀：東歐在一九八九年結束共產統治之後，旋即投入市場經濟的巨浪，在急速的發展中，昆德拉認為他們忘了歷史，無暇梳理過去。寫於九十年代的這部小說，彷彿是對今天的澳門說話：過去十多年，澳門的發展速度實在是風馳電掣：人口高速增長、物價房價飆升、城市景觀變化，無不是快、快、快！如果按照昆德拉「速度越高，遺忘得越快」的說法，那麼，澳門人遺忘了什麼？也許，澳門人忘了梳理本土歷史。

葡國人在澳門居住了四百多年，正式殖民澳門也超過一個世紀。然而，整個澳門卻好像漫不經心地忘了這段歷史。當澳門人尋索本土故事與本土身份，殖民歷史留下的文化是必要的思考材料。

澳葡政府從來沒有勵精圖治，在六十年代中期的「一二•三事件」之後，政府更是威信低、能力弱（有關這一點，本章稍後會有討論），市民跟殖民政府關係疏離，也不存好感。而且，澳門的基礎教育沒有本土歷史，本地人懂葡文的不多，而殖民政府培養的華人精英也少，一般澳門人不太感受到殖民歷史在我們身上留下的烙印。因此，當不少香港人認同港英政府，甚至有人到了今天仍懷念殖民歲月，我們卻沒有這樣的情感。澳門人很少談及歷史，彷彿一切不曾發生。

1 米蘭昆德拉著，嚴慧瑩譯，《緩慢》，台北：時報，1996，頁6
2 同上，頁120

然而，事實是這樣嗎？舉一個日常生活的例子，一向被視為非常道地的茶餐廳其實充滿著混雜文化：這些餐廳既提供中菜，又有義大利麵及葡國雞。殖民歷史留下的東西，早就混進澳門人的生活中，平時並不被察覺。當殖民歷史似乎沒留下太多東西，其實它早已烙在澳門人身上。

回歸之後，澳門人一方面投向中國懷抱，另一方面又忙於面對賭業發展帶來的社會問題，使得殖民歷史沒得到探究與梳理。今天每談到葡萄牙以及其遺產，見諸媒體的常是一種功利的態度：例如當澳門有可能成為葡語系國家（如巴西）與中國之間的橋樑時，葡萄牙才會被提起。平時，葡萄牙往往是被略過的：申報世界文化遺產，官方說辭是「中西文化交流」；保護殖民時代的建築，坊間的理由是「捍衛本土文化」。跟殖民歷史如此密切關係的兩件事，其殖民色彩竟是被輕輕抹去了。

「我們這個時代被遺忘的渴望纏繞，為了滿足這個渴望，它獻身於速度的魔鬼。」3在《緩慢》的尾聲，米蘭昆德拉這樣寫。回歸之後的澳門，就是還來不及梳理自己的過去，就投入了忘我的發展速度中。然而，一個前殖民地卻有必要面對歷史、梳理過去。究竟，殖民歷史留給澳門的文化有何獨特之處？澳門這小城有什麼故事？

3 同上，頁121

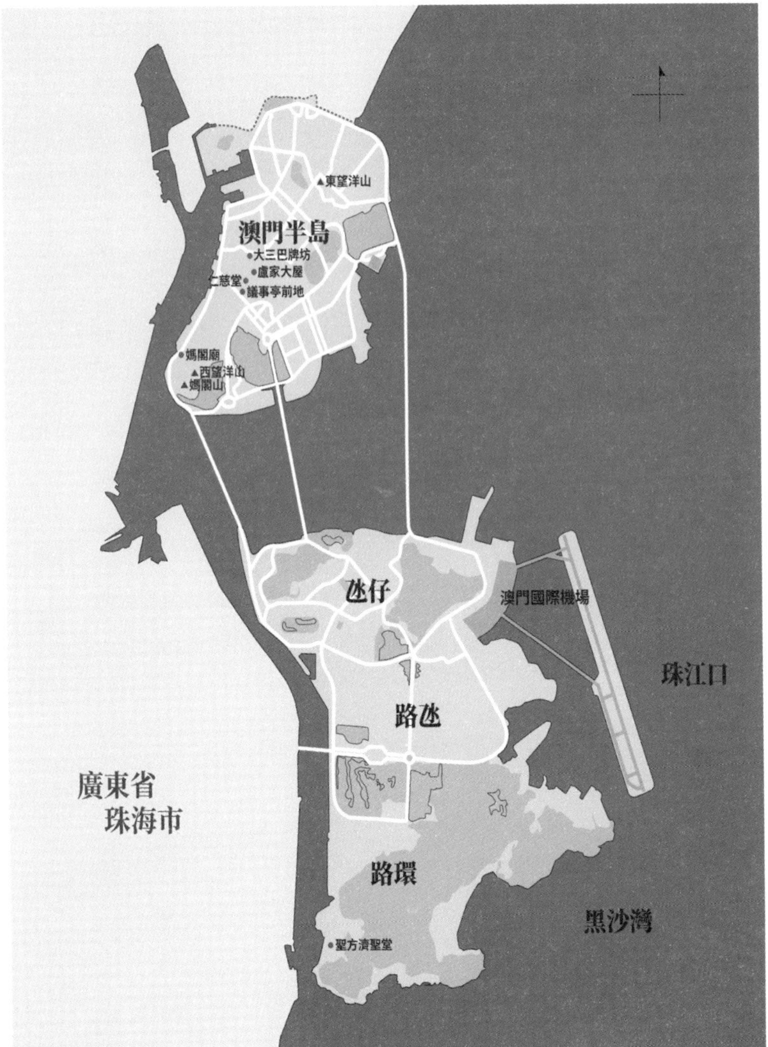


澳門地圖

# 當小漁村遇上歐洲人

在公元前數千年的新石器時代，已有人類在澳門活動。過去四十年，考古學家多次在澳門離島的竹灣、九澳及黑沙海灘一帶發掘出史前遺物，包括彩陶、石器及錢幣等，推斷距今有六千多年歷史。然而，歷史上真正有關於澳門的記載，卻是宋朝南遷之後的事[4]。

在南宋之前，澳門是不毛之地。南宋政府設立了香山縣，即是現今珠江三角洲西岸的珠海及中山一帶，行政上屬於廣州府，而澳門一帶當時就是香山縣南端一個並不起眼的區域。由於人口及政治中心南移，中國南方得以發展，經濟更一度超越北方，香山縣的經濟地位亦顯著提高，澳門則是裡面的一個小漁村。

從明代開始，澳門開始有了自己的名稱，如蠔鏡澳、香山澳等。澳門曾盛產蠔（牡蠣），其內壁平滑明亮如鏡，故有「蠔鏡」之稱。後來，因為澳門「南北有兩山對峙，形狀如澳（即海灣或泊口）之門，所以有澳門之稱。」[5]

從西漢就開始的「海上絲綢之路」到了明代進一步拓展。澳門地方小、耕地缺、物產少，農業並不發達，但是，澳門適合停泊中小型船隻，航道四通八達，有山有島作屏障，有風不起浪，在明代一度成為非常重要的對外港口。澳門西岸是內港，連接珠江三角洲的河道系統，易於北上廣州等地，外港海路亦與廈門、寧波及上海等大港口相通，陸路亦可經廣州直達內陸各地。澳門的歷史一開始就跟航運結下不解之緣，直到遇上葡國人，澳門的命運更是翻天覆地的改變。

位於歐洲西海岸邊緣的葡萄牙曾經飽受鄰國西班牙侵略，既然陸路被包圍，葡萄牙就轉而開拓海洋世界。十五世紀初，葡國王子殷理基（Infante D. Henrique）開設了全世界首創的航海學校、天文台、港口及船廠，開始了歐洲人的發現之旅，從歐洲探索通往非洲及亞洲的航道。

把一生貢獻給航海事業的殷理基王子在一四六〇年去世，他生前並未成功抵達亞洲。直到一四九八年，葡國航海家華士古達伽馬（Vasco da Gama）繞過非洲南端好望角，抵達印度；他在當地買到中國物產，渴望跟這個東方大國通商。在一五一〇及一五一一年，被稱為「葡國戰神」的海軍將領亞豐素（Afonso de Albuquerque）先後佔領印度的果亞及馬來西亞的馬六甲，而果亞更成了葡萄牙在東方的據點及聖城。佔領馬六甲之後，葡國人開始試圖與中國通商。

4 這個關於澳門歷史的小節主要參考譚志強的《澳門主權問題始末》、傑弗里岡恩的《澳門史1557-1999》、黃鴻釗的《澳門簡史》及吳志良的《澳門政制》幾本著作。

5 譚志強，《澳門主權問題始末》，台北：永業出版社，1994，頁31

一五一四年，航海家歐維治(Jorge Álvares)抵達珠江口屯門島，是首位來到中國的葡國人。不久後，葡國商人船長費爾南(Fernão Pires de Andrade)提出晉見明朝皇帝的要求，本已得到批准，但由於費爾南要回到馬六甲處理急務而作罷。往後幾年，未能從正軌通商的葡國人在屯門島一帶企圖稱霸，擅自修築火炮堡壘，阻擾外國商船進入，掠劫旅客商船，更綁架販賣青年兒童。事實上，參與航海事業的部分葡國人的確經常「亦商亦盜」[6]。

看不過眼的明朝政府終於在一五二〇年於屯門島(位於今香港)一帶向葡國人開火，葡國人挫敗，此乃中國與歐洲在近代史前期的首次軍事衝突[7]。不過，敗陣的葡國人並未放棄這個市場，只是轉移陣地暫避風頭，隔了幾年又在浙江福建對面的島上進行非法貿易，更掠劫及殺害華人，然後被浙江提督攻下，葡國人再次大敗。

當葡國人想盡辦法進入中國，那邊廂澳門的對外貿易日益蓬勃，在一五三五年成了廣州的對外貿易港，稱為「市舶司」。如是，一個中國重要港口遇上花了數十年設法跟中國通商的葡國人，就此開啟了澳門獨特的歷史。一五五三年，葡國人以商船觸礁、要晾曬貨物為由登陸澳門，並就此定居，此後定期進貢、納稅，並且每年向廣州官員繳付地租。幾年之後，他們開始在澳門建房子，很快在澳門人建立了有近千葡國人的社區。

至於澳門的葡文名Macau也從此漸漸流傳。葡國人曾叫過澳門Amaquam及Amacuao等，意思是「阿媽港」及「阿媽澳」[8]，是指葡國人上岸的媽閣廟一帶的港口。一般說法是，在媽閣廟旁邊登陸的葡國人問中國人這地方的名字，他們說「媽閣」，後來演變成今天的Macau而沿用下來。葡國人登陸澳門之前，其實跟明朝政府早有衝突，為何仍獲准登岸定居？原因是葡國人賄賂明朝官員，他們後來正式交稅，金額可觀。另外，亦有傳言是當時中國沿海受海盜侵擾，朝廷請在海上身經百戰的葡國人助剿海盜，以夷制夷，但可信性不高[9]。

明朝二百多年的歷史中，其實有四分之三時間實施海禁，多次頒令禁止海上貿易，但澳門卻獲特許通商。當時，不少國家渴求中國絲綢，而在葡國人管理及掌控下，絲綢及其他貨物經澳門出口，運至菲律賓、印度及日本等地，甚至遠至歐洲及拉美國家。當時，在智利及巴拿馬的西班牙人穿的衣服都是用從澳門運去的生絲或絲製

6 同上，頁82
7 同上，頁47
8 同上，頁32
9 學者譚志強指出，葡國人雖然的確曾經協助明朝打擊海盜，但這並非他們獲準居留的原因，詳見《澳門主權問題始末》一書第68至81頁。

品製造的[10]。其中，日本人對中國絲綢需求量極大，中日海上貿易非常蓬勃，是澳門航運生意的支柱。今天，我們輕易在歐美買到中國製造的產品，但原來遠在數百年前，不少國家已在用中國貨。而除了絲綢，香料亦是當時的重要貨物。

曾經有長達一百年的時間，澳門就是中國國際航道的中心。古書曾有記載：「廣州諸舶口，最是澳門雄」[11]，城市繁榮，朝廷收入大增。光是生絲出口的生意，就帶動農業生產、商業買賣以及旅館餐廳等服務業的發展。當時，澳門被稱為「遠東第一商港」。但到了十七世紀中葉，日本政府閉關鎖國，而本來由葡國人掌控的國際航道亦受到英國及西班牙等航海大國的挑戰，澳門才漸漸風光不再。

澳門一度非常富裕，成了中國第一個中西合璧的國際城市。澳門的繁榮也推動了世界的多方面發展：航運推動了帆船技術，傳教士帶來西方的文化及科技，例如利瑪竇（Matteo Ricci）就把西方數學傳入中國，澳門第一任主教內羅（Melchior Carneiro）則開設醫院，引進西方醫學。這些科學為明清兩代帶來很大衝擊，中國曆法參考了西洋曆法後大大改良，至於歐洲亦因此接觸到中國文化及哲學，例如儒家思想[12]。國際貿易為歐洲國家累積大量財富，為其後的世界霸主地位奠下基石。在種種改變世界的中西交流中，澳門扮演不可或缺的角色。

## 特殊的「華洋共處分治」

除了航海事業，葡國人在澳門建立的政治制度亦值得記下一筆——那是四百多年前就在中國出現的西方民主政制。在澳門定居之後，葡國人很快就發展出自治政權[13]。他們在一五六〇年先設駐地兵頭，亦即總督，是軍事首領，在一五八三年成立議事會，處理葡國人事務，設有三名議員、兩名普通法官，並有一名檢舉長負責與朝廷打交道、協調中葡事務，由雙語人士擔任。明政府視檢察長為中國官員，稱為「夷目」。對於葡國人立下的這些制度建設，明朝官員都在受禮之下默許。

葡國人當年的自治組織已有民主成份，也有法治觀念。議事會每三年改選，由居澳葡國人投票；首位大法官由葡萄牙委派，在議事會成立前已抵澳門，輕案由普通法官負責，重大案件由大法官判決，大法官的司法權獨立，任期內不得被捕。

葡國人在澳門半島南部建立自治社區，情形類似當時中國的「蕃坊」，即是外族

10 楊仁飛，〈明清之際澳門海上絲路貿易國際大循環〉，《行政》，第五冊第十五期，澳門：行政暨公職局，1992，頁319
11 同上，頁322
12 同上，頁324至325
13 吳志良，《澳門政制》，澳門：澳門基金會，1995

人聚居區域，例如廣州便有伊斯蘭教徒的蕃坊。這些區域享有自治權，可設蕃長、法官、教長，司法上輕者自決，重者由中國官府判決。而明清政府就視澳門為某種蕃坊。得到自治權後，葡國人很快就大興土木，規模龐大的聖保祿教堂在他們定居數十年後就開始興建了。

儘管如此，明清政府仍然繼續掌握澳門的最終管理權[14]。在土地管理上，除了每年向葡國人徵收地租，亦限制他們的居住範圍，所有公共建設都要上報；在行政管理上，朝廷派駐守澳官，是一名武官，重大事件由香山縣令處理，中葡兩方官員定期在議事亭開會；在駐軍設防上，朝廷於澳門半島北部邊界建關閘並駐軍；在司法管理上，朝廷保留最終的司法處分權；在貿易徵稅上，朝廷定明關稅及手續，又在媽閣附近設河船所，同時允許葡國人向葡國船隻徵稅。每當中葡兩方談不攏，葡國人因受制於軍力及糧食，多以賄賂或屈從以對。

如是，葡國人在澳門落地生根，長達數百年之久。小小的澳門，數百年來竟存在葡國政府及中國官府兩個政權，直到十九世紀中葉葡萄牙全面殖民為止。這段時間稱為「華洋共處分治」時期，在中國歷史上絕無僅有。

到了清末，尤其在鴉片戰爭之後，清廷簽署《南京條約》並割讓香港，全國陷入內憂外患。趁中國正亂，葡國人也與清廷談判，要求改變澳門現狀，並隨之有一連串動作：一八四五年，葡國國王擅自宣佈澳門為免關稅的自由港；將軍亞馬喇(João Maria Ferreira do Amaral)於一八四六年抵達澳門上任總督，從此改變了澳門的命運。

亞馬喇驍勇善戰，曾經在巴西的殖民戰爭中被火炮擊中，傳說在沒用麻藥的情況下截去手臂，故有「獨臂將軍」之稱。此人作風狂放，上任總督後馬上肆意拓張勢力：首先向澳門華人及中國商船徵稅，擊沉反抗的廿艘中國商船，逮捕稽查走私的中國官船，又擅自在澳門修路。上任兩三年後，亞馬喇終於在一八四九年驅逐清廷駐澳官員，停交地租，結束了接近三百年的「華洋共處分治」，開始了殖民統治。當時，就連議事會都反對亞馬喇的激烈行動，但反對無效，更被解散。

戲劇性的是，就在亞馬喇最意氣風發的時候，惡果就降臨到他身上。他的開路工程遷移並劏平了不少居民的祖墳，為他埋下殺機。以沈志亮為首的幾個中國青年因為祖墳被毀，立志報仇。他們得知亞馬喇每天傍晚到關閘一帶狩獵，便計畫埋伏。一八四九年八月某天，幾個刺客假裝告狀，驕傲自負的亞馬喇根本不把平民放在眼內，疏於防備，終於被沈志亮等人擊殺，並取下其首級。

14 黃鴻釗，《澳門簡史》，香港：三聯，1999

## 二十世紀的歷史變遷

總督雖死，但澳門已成殖民地的狀態不改，澳葡政府於一八五一及一八六四年再侵佔氹仔及路環兩個離島，自此全面殖民澳門。當時，被列強欺凌的清廷正水深火熱，根本無暇無力保衛澳門。過了二、三十年，中葡兩國終於在一八八七年簽署《中葡和好通商條約》，清廷准許葡萄牙「永據管理澳門」，澳門的政治屬性塵埃落定，而里斯本政府也宣佈澳門為一個海外省。

十九世紀末，葡萄牙主張海外省自治，之後在一九一七年公佈《澳門省組織章程》，下放權力，例如讓澳葡政府有行政財政自主權，不用事事聽命於里斯本。一九一一年辛亥革命成功，滿清政府被推翻，孫中山即揚言廢除不平等條約，但香港澳門的地位並未改變。

在二次大戰期間，澳門是東亞唯一不受日軍侵害的地方，大量難民從大陸逃難至澳門，尤其在一九四一年香港淪陷後，澳門人口激增。以當時日本在東亞的勢力，取下澳門根本是易如反掌，但日軍偏偏沒有。有關這一點，原因眾說紛云，表面原因是葡萄牙是二戰時的中立國，另一說法是由於有數以十萬計的日本僑民住在曾是葡國殖民地的巴西，因此葡日兩國私訂協議，日本不揮軍澳門，而葡萄牙則保證巴西的日本人的安全[15]。但此說法仍存在爭議[16]。

二戰結束後，國共內戰，港澳保持安定，到一九四九年中華人民共和國成立，有另一波大陸移民遷至澳門。當時，北京政府並未急於解決澳門問題，時任國務院總理周恩來後來才道出中國是要對港澳「長期利用，充分打算」，因為當時中國在國際社會上被孤立，要用港澳兩個殖民地來作為中國對外的窗口。

當時，澳門雖然局勢穩定，但中葡之間仍是偶有衝突。在一九五二年，中葡兩方軍人在澳門邊境關閘發生武裝衝突，澳葡政府忌諱中共，由華人富商何賢擺平事件。事後他的民望極高，被稱為「華人澳督」，而澳門回歸後第一任特首何厚鏵就是他的兒子。在一九五五年，澳葡政府想要慶祝澳門開埠四百週年，但被中方反對，澳葡政府再屈服。

說到改變澳門當代政局的大事，首推一九六六年的「一二·三事件」。事件導火線是親中的氹仔坊眾學校拓建被澳葡警方阻止，雙方發生衝突。在十二月三日，一群前往澳督府陳情的師生被警方攻擊，激起不少澳門人對殖民政府的不滿，上千市民抗議騷動，闖入市政廳，並把議事亭前地的葡國將軍美士基打的銅像推倒。警方血腥鎮

15 譚志強，《澳門主權問題始末》，台北：永業出版社，1994，頁226

16 金國平及吳志良，〈抗戰時期澳門未淪陷之謎〉，《行政》，第十四卷第五十一期，澳門：行政暨公職局，2001，頁27至58

壓，最後八人死亡，二百多人受傷，政府更宣布宵禁。此舉惹來華人罷工罷課罷市抗議，廣東省政府亦派來炮艇，北京當局指責澳葡，結果澳葡政府在種種壓力之下認罪賠償，並答應北京及澳門親中團體的連串要求。

發生這次警民衝突，正是文化大革命爆發之時，而事件發生之後的一年，香港亦發生反港英政府的「六七暴動」，三者關係微妙。「一二．三事件」一方面是反殖民運動，另一方面亦剷除了當時仍在澳門活躍的國民黨人。事後，澳葡政府按照中國要求驅趕國民黨人。此後，親北京的團體影響力更大，為市民提供醫療、教育等公共服務，成了某程度上的「代理政府」。至於澳葡政府則一蹶不振，經此一役成了「跛腳鴨」，權力被架空。今天澳門社會反對聲音少，親中建制力量穩如泰山，跟「一二．三事件」有密切關係。

一九七四年葡萄牙發生「康乃馨革命」[17]，結束了數十年的獨裁統治，上場的民主政府主張放棄殖民地。新政府於一九七六年頒布有憲法地位的《澳門組織章程》，又定位澳門為「葡管中國領土」。當時，有傳言葡國人會很快把澳門歸還中國，曾在民間引起一陣恐慌[18]。然而，中國透過何賢表示澳門會維持現狀。

這章程為澳門的政治制度帶來長足的發展。首先，章程規定立法會有權彈劾總督，而廿三位議員中有七人由澳督委任，八人由間接選舉（團體票）選出，八人由直接選舉產生，即是澳門選民可以一人一票選出八位代議士。當時，台灣還在戒嚴，香港還未有直選議員，中國大陸更不用說，澳門曾經有兩岸四地最民主的議會。在司法方面，澳門的法院體系一直從屬於葡萄牙司法系統，終審權在里斯本，到了一九九一年澳門才有終審權。

在七十年代，台灣面臨斷交潮，中葡兩國於一九七九年建交，但《建交公布》對澳門隻字不提。後來，葡萄牙方面才透露當時已表明日後將交還澳門。而在此之前，中國於一九七二年向聯合國致送《備忘錄》，申明港澳主權屬於中國。到了一九八二年，時任領導人鄧小平提出本來是為了解決台灣問題的「一國兩制」，但後來用於港澳。

經過多輪談判，中英兩國於一九八四年簽署《中英聯合聲明》，定明香港九七回歸。中葡兩國則於一九八六年開始談判，翌年簽署《中葡聯合聲明》，定明澳門九九回歸。跟香港一樣，「一國兩制」在澳門的基本政策是五十年不變、財政獨立、澳人治澳、法律不變等。稍微不同的是，《中葡聯合聲明》在國籍上彈性處理，容許澳門人保留正式的葡國護照，並強調要保護葡萄牙文化及土生葡人的權益。終於，澳門在一九九九年底回歸中國，至今已有十八年[19]。

17 發生於1974年4月25日，又名「四二五」革命，是一場不流血而成功的軍事政變。
18 譚志強，《澳門主權問題始末》，台北：永業出版社，1994，頁258
19 本書初版年為2018年。
20 塞巴斯蒂安。康拉德著，馮奕達譯，《全球史的再思考》，台灣：八旗，2016

## 全球史中的澳門

澳門有非常獨特的歷史。如果沒有航海事業及跨國商貿，澳門不過是中國南方一個不起眼的小漁村。澳門史為現今盛行的全球史研究提供了極佳的案例；這種歷史研究取向強調除了以民族國家為單位探究政權更迭與社會變化，也應從跨國交流的發展去了解各國的聯繫、混雜如何構建人類歷史[20]，而澳門歷史正是不可脫離全球史，必須放在世界大格局中審視。

在全球化越演越烈的今天，各國的人口、貨物、資訊、文化的頻繁交流是人類歷史上前所未見，澳門歷史有助我們察古知今，思考當下世界。而澳門經驗與全球史的視角，也有助於思考台灣與香港的歷史。

澳門史不只是讓我們認識澳門，也讓我們重新反思文化、傳統、根源、認同、界線等觀念——文化一定是純粹的才珍貴？混雜的文化總是次等的？傳統是固定不變的嗎？與異文化碰撞出來的傳統又如何？根源是否永遠只有一個？認同又是否永遠一成不變？界線究竟是保護我們，還是限制我們？以下的部分，會從食物、建築及城市結構等方面談澳門的混雜文化。

## 第二節　在澳門散步才是正經事：建築及城市結構

遊澳門的旅客除了去看大三巴之外，一般只往賭場擠，忽略了歷史城區。然而，那些歷史悠久的中西建築，那些曲折起伏的小街小巷，其實蘊藏了許多澳門故事與世界歷史。

二〇〇五年，澳門申報聯合國教科文組織的世界文化遺產（後文簡稱世遺），獲得加冕。聯合國規定每個國家每年只能申報一個項目，而中國的文化遺產又眾若繁星，申報項目大排長龍，但當年仍是經濟低迷的澳門得到北京支持，以中國的唯一代表姿態申報。

政府早於二〇〇二年初向聯合國遞交文件，最初準備申報十二個建築物，但兩年後，提供諮詢的國際古蹟遺址理事會派專家到澳門考察，建議把申報方案由原來的十二個分散的建築，擴大成整個舊城區；以澳門古城為中心，用廣場和街道串連起二十二座建築，改以「澳門歷史城區」作申請方案。

多數世遺是單一的建築項目，例如義大利比薩斜塔、法國凡爾賽宮及印度泰姬陵等，然而，澳門是以一整個舊城區作申報，裡面有中國最古老的燈塔、最古老的西式炮台、最古老的基督教墳場，同時也有中式廟宇及中西合璧的私人大宅，是中國現存最老舊、最集中、規模最大、保存最完整的東西方建築共存的區域。

這城區是葡國人在十六世紀定居澳門後建設的城市雛型，信奉天主教的葡國人稱這小城為「天主聖名之城」，澳門就憑著這歷史古蹟群登上世遺名錄。聯合國這樣肯定了它的價值：「澳門歷史城區保留著葡萄牙和中國風格的古老街道、住宅、宗教和公共建築，見證了東西方美學、文化、建築和技術影響力的交融。……(是)中西方交流最早且持續溝通的見證。」[21]

這些世遺建築包括媽閣廟、媽閣廟前地、亞婆井前地、港務局大樓、鄭家大屋、聖若瑟修院及聖堂、崗頂劇院、崗頂前地、市政廳大樓、議事亭前地、仁慈堂大樓、板樟堂前地、大三巴牌坊、耶穌會紀念廣場、哪吒廟、舊城牆遺址、大炮台、東望洋炮台及白鴿巢前地等。龍應台訪問澳門時曾提到，澳門的古建築文化肌理傲視當今華人城市。有數百年歷史的古建築分布在整個舊城中，又中又西的歷史遺址滲透整個城區，這就是澳門的「歷史建築肌理」。

在歷史上，澳門擁有不少的「中國第一」，這些「第一」就銘刻在歷史建築上。葡國人是首批在中國定居的歐洲人，媽閣廟就見證了這段歷史，廟中一塊花崗岩大石上刻有當年葡國船隻的圖案，稱為「洋船石」；葡國人早期在澳門建的教堂已有四百多年歷史，聖老楞佐堂就是中國最古老的西方教堂之一，始建於一五五八年，是葡國人心中的航海保護神，華人稱為風順堂，取其順風之意；葡國耶穌會亦在澳門成立了中國第一間宗教慈善機構仁慈堂，現在這座純白色的古建築就座落於市中心議事亭前地；葡國人亦在十七世紀興建了中國第一座燈塔，即東望洋燈塔。

## 城市建設四階段

澳門幾百年來的老建築分成幾個階段[22]。第一階段是開埠前，即是葡國人定居澳門之前。當時澳門還是小漁村，建築很少，最重要的就是供奉媽祖的媽閣廟。這座廟依山而建，當年供漁民祈求出海平安，現存建築是光緒年間修建。到了開埠初期至十六世紀末這數十年間，是澳門建設的第二階段，信奉天主教的葡國人首先建的是教堂，例如望德堂、聖老楞佐堂及聖安多尼堂等。

從十六世紀末至十七世紀中期，是第三階段，也是澳門的城市發展興盛期。從航海事業獲得巨大財富的葡國人大興土木，把議事亭前地一帶發展成一個具有「中世

21 見聯合國教科文組織官方網頁：http://whc.unesco.org/en/list/1110
22 吳堯、朱蓉：《澳門建築》，香港：三聯，2013

紀城市意象」的區域[23]。葡國人最重視宗教建築，此時的材料由磚石代替竹木，並於一五九四年重建最初只是茅屋的耶穌會聖保祿學院，新址有教室、圖書館、診所、藥房、印刷室及金庫等，而聖保祿教堂亦在一六〇一年動工。至於玫瑰堂則在一五八七年興建，一開始是用木板，所以稱為板樟堂，現存是一八二八年修建的。

這時期的公共建築有創於一五六九年的仁慈堂，現存的是十八世紀重建；位於白馬行的聖拉法爾醫院亦是一五六九年所建，是遠東最早的西式醫院，現存的是一九二九年重建，現在已成葡國領事館。這時期葡國人也大建軍事設施，在大三巴旁邊的大炮台於一六二六年完工，是澳門最大的炮台，接著加思欄炮台在一六二九年完工，東望洋炮台在一六三八年完工。這些炮台工程一開始沒得到明政府允許，但因為葡國人在一六二二年擊退入侵澳門的荷蘭人有功，朝廷就默許他們建炮台負責沿海防衛。

到了十七世紀中葉至鴉片戰爭前，是城市建設的緩滯時期。當時，葡萄牙的海上霸權不再，一些重要航線更被切斷，澳門的海港地位大不如前。再加上清政府於一七四九年禁葡國人建設，澳門的公共建設更是停滯不前。不過，由於清政府亦禁止外商居留廣州，澳門成了廣州外港，丹麥、瑞士、英國、西班牙紛紛在澳門設公司建大宅，現存的東方基金會會址當時就是英國東印度公司的花園大宅。

作為中國首座對外通商的城市，澳門被稱為「中國最早的特區」、「中國近代第一城」，古建築就是中西文化融合的最佳證據。大三巴牌坊是聖保祿教堂的遺址，於一八三五年經歷一場大火而剩下立面。這座宏偉的大教堂在十七世紀初由耶穌會所建，是當時遠東最大的天主教教堂。當年，日本禁絕天主教傳播，迫害傳教士，導致大批教信徒、神學生及神職人員流亡澳門，他們亦參與了興建工作。

在這文藝復興風格的教堂立面上，一方面有耶穌會的創辦人及傳教士的雕像，另一方面則刻有「鬼以誘人為惡」及「念死者無為罪」等中文字句，以及聖母踏龍頭的圖案，還有象徵日本的菊花浮雕。放眼世界，這種東西文化的建築混合體非常罕有。當時，澳門是天主教在東方的中心，連繫著亞洲與歐洲國家，聖保祿教堂就混合了多元文化。

好萊塢電影《沉默》就有這樣一幕：身處澳門的葡國傳教士得知另一位葡國神父在日本叛教，難以置信的他跟教友商議遠赴日本尋找這老師，然後，他們離開聖保祿教堂，走到內港尋找為他們引路的日本人。幾分鐘的這段戲，表示了澳門當年的多元文化景觀：宏偉的教堂、熱鬧的市鎮，還有華人、日本人及歐洲人混雜其中。這就是

23 同上，頁37

四百多年前的澳門，一個國際城市。

更有趣的是，偌大的聖保祿教堂旁邊就是中國廟宇。這座哪吒廟建於十九世紀末，當時該區瘟疫肆虐，居民相信哪吒神力可以鎮邪，就建了這座廟。哪吒是神話人物，既不屬於佛教也不屬於道教，加上他生性叛逆、有爭議性，哪吒廟在中國並不常見，但澳門哪吒廟竟是大教堂的鄰居。兩者一中一西，一大一小，相映成趣。

其實，除了得到世遺加冕的建築群外，其他舊建築也訴說了澳門在中國近代史的重要性。清朝欽差大臣林則徐曾經不只一次親臨澳門嚴打鴉片，他在蓮峰廟與葡國官員會面，申明禁令，今天廟中就設有林則徐雕像及紀念館。一八四四年清廷與美國簽訂《中美望廈條約》，相傳簽署地點就是望廈區的普濟禪院，即澳門人通稱的觀音堂。

孫中山亦在澳門留下不少足跡。他在香港大學醫學院畢業後，曾經在澳門的鏡湖醫院當醫師，是澳門首位華人西醫。他又開設中西醫局，是澳門第一間由華人開辦的西醫診所藥店，這藥局舊址亦得到保留。後來，轉投革命的孫中山以澳門為基地創辦刊物《鏡湖叢報》，留下一座具伊斯蘭風味的故居，那就是今天的國父紀念館。

在大三巴的立面上，刻有聖母踏龍頭的圖案及中文字句。（黃文輝攝）

哪吒廟就在大三巴旁邊，古廟與教堂遺址形成對比。（陳顯耀攝）

散布在城市不同角落的舊建築，見證了葡國人的航海事業、中國南方門戶的首次開放、首座華洋共處的城市的發展，以及中國從帝制走向民國的巨變歲月。這些教堂、古剎及私人大宅等建築串連成一段澳門的歷史、葡國的歷史、中國的歷史、世界的歷史。澳門數百年間未曾發生大規模戰爭，不像北京、南京等大城市經歷慘痛的破壞與流血，這種和平共存亦體現於風格多元的建築上。

## 澳門之美，美在可逛

澳門除了有珍貴的歷史建築，也有獨特的城市結構。跟很多澳門人一樣，我對這城市的結構後知後覺。以往，澳門人總用香港作標準，比對之下，澳門自然顯得太小，沒有現代都會的架勢。直至到訪過很多歐洲國家之後，我才恍然大悟：澳門舊區有的，就是很多歐洲古城的格局；交錯的小路、小巧的房子，以及一種你無法一眼看到底的曲折，而一路上，歷史建築就靜悄悄分佈其中。

曾經有台灣朋友問我：「你覺得澳門最美的是什麼？」

我給出一個不算是標準答案的答案：「澳門的美，在於它是個可逛的城市。」

「可逛」究竟有何重要？當年第一次遊美國西岸，我對兩個主要城市有非常極端的喜惡——舊金山是那麼可親，洛杉磯則拒人千里。後來，比較過很多不同的城市之後，我才慢慢發現背後的原因：前者是個可逛的城市，後者則是個不可逛的城市。

歷史悠久的舊金山有著歐洲古城的特色，就是市中心不大，很適合閒逛漫步；遊人可以輕鬆地從市中心的纜車起點逛到聯合廣場，又從聯合廣場慢慢走到北灘，再從北灘徒步至漁人碼頭，邊走邊欣賞維多利亞式建築。然而，洛杉磯則是個不能不開車的城市，範圍極廣，從住宅到最近的一間「便利」商店（其實一點都不便利），都幾乎不可能徒步。它的區域分工非常明顯：住宅區就是住宅區，你休想在那裡找到一間書店；金融區就是金融區，下班時間後幾乎不會有行人；而購物區則以獨立的大型購物中心為主，洛杉磯是沒有幾條街可以逛的。整個城市的格局是割裂的而非融合的，也自然是不可逛的。

十多年前，香港作家陳冠中引用了學者珍・雅各在《偉大城市的誕生與衰亡》[24]的論點，寫了一篇名為〈現在讓我們捧台北〉的文章[25]。陳冠中認為，台北之所以給人良好的生活質感，就是因為它有著珍・雅各心目中一個好城市的特質：用途混雜、街區

---

24 珍雅各著，吳鄭重譯，《偉大城市的誕生與衰亡：美國都市街道生活的啟發》，台北：聯經，2007

25 文章發表於2004年在台北舉行的第一屆台北國際學術研討會。

小、不同年代的建築物並存。這樣的城市，自然是可逛的。當時，我把這篇文章轉寄給朋友看，有人提醒我：澳門不就具備這些特質嗎？

的確，澳門有著歐洲古城的格局。由於歐洲城市比美洲城市的出現早得多，而且當時大部分人出外都是徒步的，因此，歐洲的古城多是可逛的。很多人初次遊歐洲時都有同樣驚訝：在倫敦，從唐人街走到大鵬鐘，從Soho

區走到大英博物館，距離竟是那麼短！在羅馬，從西班牙廣場到梵諦岡，從競技場到許願池，竟然可以徒步！布拉格的舊城更小，你可以三天不坐車而到處遊玩！

逛的趣味在於發現，小巷中可能藏著一座漂亮的老房子、一間可愛的咖啡店。多年前，我接待兩個大陸朋友，循例跟他們說：「澳門很小，一兩天就逛完了。」但是，他們

澳門舊區有不少漂亮的老房子，福隆新街就是一例。(陳顯耀攝)

逛了一天就反駁了：「才不是呢，在這裡一星期也不夠呢！」是的，我帶他們逛舊西洋墳場，看裡面的小教堂及墓碑雕像，一逛就是兩三個小時；他們從大三巴逛到議事亭前地，看教堂、炮台與廟宇，一逛就是大半天。澳門舊城區有文化肌理與歷史風味，例如議事亭前地附近一帶，就有葡國人的辦公大樓（市政廳）、葡國人的劇院（崗頂劇院）、葡國人的教堂（大堂及聖玫瑰堂）及葡國人的銀行（大西洋銀行）。

那一區，就是「歐洲人在澳門」的活的建築博物館。這種結構與肌理非常珍貴。對比一下，香港尖沙咀的文化中心位置原來是九龍火車站，是宏偉的維多利亞式建築，但火車站後來被拆，只留下鐘樓。今天在尖沙咀，鐘樓孤立地座落在一個沒有歷史感的區域，缺乏文化肌理，因此那是乏味的。

另外，議事亭前地一帶有不少民居，是澳門人日常活動的地方[26]，用途混雜。那裡的營地街市至今為該區市民提供新鮮食材與生活用品。它既是古蹟區，又保有生活氣息。遊人在這一區徒步，可以上溯殖民時代的歷史，又看到今天澳門人的生活。除了這一區，從盧廉若花園、荷蘭園到望德堂的一區，又或是媽閣廟到風順堂的一區，都是有類似風味的徒步區。

## 路牌與街名的細節

徒步在澳門，就連路牌都是精美的細節。澳門的街名路牌由葡國瓷磚製成，白色瓷磚上有藍色曲線作框，再印上中葡對照的街名，簡潔而優雅。這種瓷磚名為Azulejo，是阿拉伯文，即是「打磨過的石頭」。曾佔領葡萄牙的摩爾人留下了這種工藝與美學，今天在葡萄牙仍有大量彩繪瓷磚，有些像馬賽克拼成大幅壁畫，有的每一塊自成圖案，而澳門就處處可見這漂亮的瓷磚。

除了路牌精美，澳門的街名亦別有趣味。就像很多城市的街道命名都跟當地歷史有關，澳門的街名亦訴說許多故事。在市中心的殷王子馬路就是以葡國航海業的奠基者殷理基王子命名，亞馬喇前地是以獨臂將軍亞馬喇總督命名，荷蘭園大馬路是以十七世紀荷蘭人入侵澳門的事跡命名，得勝花園紀念的是葡國人擊退荷蘭人取得勝利，亞豐素街紀念的是當年的果亞公爵亞豐素，華士古達伽馬花園紀念的則是繞過好望角的航海家華士古達伽馬。

葡國人也重視藝術家，千年利街取名自英國畫家錢納利（George Chinnery），

26 然而，近年來澳門的旅客量極大，該區被認為是「逼爆」的擁塞重災區，因此部分澳門人開始避免前往該區，這個問題會在第二章中討論。

他定居澳門後留下不少傳世畫作；庇山耶街取名自葡國著名詩人庇山耶（Camilo Pessanha），他當年亦是官員，是個中國通。在澳門的街角抬頭一看，見到的不只是精緻瓷磚，還有數百年間的人與事。

澳門街名的另一特點是異常繞口。新馬路的正式名字是亞美打利庇盧大馬路，另外還有肥利喇亞美打大馬路、爹美刁施拿地大馬路、沙嘉都喇賈罷麗街、士多紐拜斯大馬路、罅些喇提督大馬路等等。這些繞口名字都是譯名，當時的翻譯只管音譯，完全不顧中文用字的習慣及文雅，才會出現大量這種街名，例如爹美刁施拿地大馬路是翻譯自一位澳葡政府高官Demetrio Cinatti的名字，原名並不複雜，但翻譯起來就非常繞口。

另外，還有些街名是出於文化差異的美麗誤會。例如大三巴旁邊一條充滿葡國風味的漂亮小巷有個很浪漫的名字——戀愛巷。這不是是因為葡國人浪漫，戀愛也可成街名，它的原名其實是Travessa da Paixão，Travessa是巷，而葡文的Paixão等如英文的Passion，平時解作熱情，但它在宗教上的意思是「耶穌受難」。一條在前聖保祿教堂旁邊的小巷，它的名字是痛苦的受難而非浪漫的戀愛。這是殖民時代溝通不良的有趣案例。

一個路牌、一個街名背後往往是數百年歷史的結晶，這就是在澳門閒逛的趣味。

由葡式瓷磚製成的路牌上有中葡對照的街名。（黃文輝攝）

這種葡式瓷磚名為Azulejo，有阿拉伯風格。（陳顯耀攝）

## 第三節　數百年前的fusion菜：美食文化

有人說，葡國人在澳門留下最重要的遺產就是建築與美食。

葡國菜沒有法國菜精緻，也沒有義大利菜普及，但澳門的葡國菜仍是天下間一樣極其獨特的料理。除了美味之外，這種料理蘊藏了太多歷史文化。二〇一七年，澳門被聯合國教科文組織評定為「創意城市美食之都」，葡國菜功不可沒。

長久以來，葡國菜是澳門人生活的一部分，並不是以什麼異國料理的姿態存在。甚至，我小時候其實不知道某些菜式原來是葡國菜，例如馬介休球（鹽漬鱈魚球）、燴牛尾、焗豬排飯等，因為它們都很常出現在普通的茶餐廳。我跟很多澳門人一樣，從小就吃著葡國菜而不自知。這種料理重視醬汁，適合配飯，我從小就非常喜歡。因此，我第一次去葡萄牙之前，就滿心期待要去大快朵頤：澳門的葡國菜已經如此美味，葡萄牙當地的美食一定有過之而無不及吧！

結果，我失望透了。里斯本的餐廳提供的多是我覺得很乏味的西餐：例如牛排、豬排、魚排等，烤沙丁魚已經算特別。那些菜式變化不大、種類不多，也完全沒有澳門葡國菜的豐富配料與美味醬汁。後來我終於知道，澳門大多數葡國菜根本不是正宗葡國料理，而是澳門獨有的。例如葡國雞這種經典菜式，在葡萄牙就找不到。

## 土生：血統與文化的混合體

澳門的葡國菜稱為「土生葡菜」，其實是混種料理。了解它之前，一定要先了解什麼是「土生」。「土生」是「土生葡人」的簡稱，是指葡國人與亞洲人（中國、日本、馬來西亞及印度人等）所生的後代，在澳門土生土長。遠在航海時代，由於葡國國王禁止女性上船參與航海事業，葡國男子就在所到之處與當地女子結合或通婚。這些女子有的是合法妻子，有的是情婦，有的是被販賣的奴隸[27]，她們生下的混血小孩就是土生葡人。土生葡人英文是Macanese，也就是「澳門人」。事實上，不少土生家族在澳門住了一、兩百年以上，比起很多過去數十年才從中國大陸移居到澳門的華人更在地。

土生葡人是血統與文化的混合體，但他們普遍接受葡語教育，更傾向認同葡國人身份，對葡國文化歷史的認識亦遠較中國深，八成以上人口是天主教徒。他們講葡文為主，英文不錯，同時廣東話也頗為流利。不過，在回歸之後，中文地位提升，新一

27 黎雅珊著，黃協安譯，《澳門土生仔女》，澳門：澳門國際研究所，2013，頁22-24

代土生葡人的葡語水平亦隨之下降[28]。

這個族群對中國文化有一定了解，他們的日常生活亦已摻雜中國元素，例如部分土生葡人很喜歡打麻將。土生葡人以西方文化為主、東方文化為輔，是華洋雜處數百年的體現。由於在殖民時代有語言及社會網絡的優勢，很多土生葡人是公務員，待遇不錯，此外也有律師、教師、商人、翻譯和神職人員等。

土生葡人視澳門為家，他們大部分從來沒有在葡國生活過，在那邊亦沒有親友，甚至連自己的祖籍在哪都不知曉，澳門土生作家飛文基便是其中一人。他曾在受訪時表示：「我爸爸是土生葡人，我的祖父也是。其實我曾經回葡萄牙尋找我的祖先，但是已經找不到任何家族歷史。我們土生葡人有自己的文化，有葡文名字，會說葡語。我們以葡字為根，卻以澳門為家。」他還說，有些土生葡人在澳門回歸之前移居葡萄牙，但往往並不習慣，大部分都回到澳門。「回流澳門，有種回家的感覺。」他強調[29]。

他們還創造了一種叫「土生土語」(Patua)的語言，基礎是葡文，並摻雜馬來語、廣東話、英文、西班牙文及荷蘭文。這種被稱為「基督的語言」及「澳門的甜蜜語言」的土生土語在十九世紀衰落，現在已是瀕危語言。澳門藝術節每年都有土生土語劇場的演出，希望力挽狂瀾保育這種語言[30]。

土生葡人有自己的歷史、方言、傳統、而美食就是土生文化的一大代表。就像土生土語，他們創造出來的土生葡菜把不同國家的美食元素混合起來，創作出新的菜式。有人說Fusion菜起源於七十年代法國，但在澳門，Fusion菜其實已經盛行幾百年了。

土生葡菜跟航海歷史息息相關，它見證了歷史上歐洲、非洲及亞洲人的首次邂逅。數百年前葡國人開啟的「大發現之旅」，某程度上就是尋味之旅，因為香料是當時極為重要的貨品。特別在明朝末年，澳門是世界香料航運網絡上的重要轉運點。葡國人在茫茫大海中探索航道，花了數十年抵達非洲，再花了數十年來到亞洲，所到之處必定採購香料運返歐洲，可說是吃盡天下香。除了香料以外，他們亦為澳門帶來花生油、地瓜、辣椒、蕃茄等外地食材。後來，澳門一些土生葡人家庭又會僱用華人女傭或褓姆，煮出中西合璧的菜式。各國的香料及食材混合起來，就成了土生葡菜，是世界上獨一無二的菜式。

打從十六世紀下半葉，即是葡國人定居澳門不久之後，這種混合料理就開始發展。土生葡菜吸收了世界各地的料理精華：例如沿海生活的葡國人愛海鮮、非洲人

28〈土生葡人：澳門是我家〉，香港：東周網，2017年8月23日
29 同上
30 本書第四章會討論土生土語劇場。

愛烤肉、印度人愛咖哩、馬來西亞人愛椰漿，還有胡椒、丁香、肉桂、姜黃粉等來自各國的香料食材。在澳門，土生葡菜自然也有廣東菜元素，土生葡人也做蘿蔔糕、雞粥、燜鴨等菜式，只是煮法略有不同。曾是漁港的澳門盛產魚蝦，土生家庭就常常自製鹹蝦醬，用它來煮出各種食物。土生葡菜的來源非常多元，從十七世紀葡國修道院的食物、印度果亞的甜點，到非洲盛產的蔬菜都有。

## 葡國雞與非洲雞的故事

土生葡菜的特點是味道香濃，重視醬汁，偶爾帶微辣，但不太注重賣相，有時就是一堆食材混在醬汁中，看起來並不精緻。有人說，這種料理演繹了這個族群的熱情友好、多樣豐富、樂於分享[31]。

最特別的，是土生葡菜運用了大量亞洲及非洲的熱帶地區的香料及食材，也吸收了各地的煮烹調方式，例如中國的煎、炒、煮、炸、焗、炆、燉、蒸、烤等，因此無論是外觀、口感、味道都跟歐洲菜式大異其趣。而且，跟歐洲人多以麵包或馬鈴薯作主食不同，土生葡菜常常配飯，而它的美味醬汁就是飯的最佳搭檔。

土生葡菜有兩大類：第一類是帶有地域特色的菜，第二類是節慶美食。以下的葡國雞及非洲雞屬前者，大雜燴屬後者。

葡國雞是最負盛名的土生葡菜之一。這道菜有棕黃色的醬汁，一般以椰漿、姜黃粉、淡奶調製而成，有時會加入少量咖哩醬，食材是雞腿、洋蔥、黑橄欖、水煮蛋、葡國臘腸及馬鈴薯等，融入了葡萄牙、印度、馬來西亞等地的元素。椰漿及姜黃粉都來自亞洲，以前在葡萄牙並沒有，因此葡國雞是不折不扣的土生葡菜。今天，香港有些茶餐廳也做葡國雞，甚至在台灣也可吃到。葡國雞的特別醬汁稱為「葡汁」，除了煮雞以外，也會用來煮其他食物。例如葡汁焗四蔬這道菜就是以這種醬汁混合花椰菜、紅蘿蔔等幾樣蔬菜再烤焗而成。

土生葡菜也有非洲特色，非洲雞就是葡國人從非洲的莫桑比克及安哥拉等地傳入澳門的菜式，經改良之後成為非洲雞，在澳門及巴西等前葡國殖民地都很常見。非洲雞的做法是先烤雞，再淋上Piri Piri醬汁，此乃非洲雞的精華所在。Piri Piri是一種辣椒，又名非洲鳥眼辣椒，辣度強勁，在安哥拉、烏干達及森巴威等地都有，後來被葡國人帶到印度果亞，再帶到澳門。這菜式近年傳到台灣，取Piri的發音叫做霹靂雞，或葡式烤雞。

31 黎雅珊著，黃協安譯，《澳門土生仔女》，澳門：澳門國際研究所，2013，頁54

大雜燴則是一道節慶菜色，亦是很不歐洲的土生葡菜，用的是大量廣東食材，包括豬皮、豬蹄、臘腸、臘鴨，臘肉、鹹蝦及雲南火腿等，再加上馬拉盞（類似蝦醬）及蔬菜，混在一起在大鍋裡燉煮，通常比較大盤。以往在土生葡人家庭，這菜式一般是在聖誕之後使用剩下的食材，把它們去骨切成小塊來做的，多半是富裕家庭才吃得到，一起吃大雜燴也意味著一家團圓。今天，餐廳做的大雜燴當然不會用剩菜了。

名字特別的馬介休也是土生葡菜不可或缺的食材。馬介休是Bacalhau的音譯，是用鹽醃製而成的鱈魚，澳門人稱之為葡國鹹魚。在沒有冰箱的年代，葡國人用鹽醃來保存魚肉。作為一種標誌性的葡國食物，在澳門吃到的馬介休菜式有的是傳統葡國菜，有的則是土生葡菜。馬介休的煮法非常多，據說可煮出上千種菜式，在澳門常見的有西洋焗馬介休（加上蕃茄、馬鈴薯等再配以醬汁烤焗）、薯絲炒馬介休（把馬鈴薯切成絲再炸，然後跟馬介休及蛋一起炒）、馬介休球（馬介休混合馬鈴薯泥搓成小球再炸，是餐前小吃）、白烚（水煮）馬介休、馬介休炒飯（用馬介休絲配以其他食材炒飯）等。

除了主菜以外，葡國糕點也非常精彩。非常聞名的葡國蛋塔是用蛋奶糊（港澳稱為奶黃）製成，是一種奶油酥皮餡餅。葡式蛋塔上的招牌黑色塊是糖被烤焦而成為焦糖。跟葡國雞及非洲雞不同，葡式蛋塔的確是源自葡萄牙，但後來在澳門被改造。十九世紀初，葡國的修女發明了這種甜食，後來修道院關閉，里斯本貝倫區（Belém）的一間小店繼續生產。這種甜點曾經被英國《衛報》選為五十種人間美食之一[32]。

八十年代末，在澳門經營餅店的英國人Andrew Stow在里斯本首次吃到葡式蛋塔，並想引進澳門，但由於食譜不外傳，他只好嘗試模仿並自行研製了新版本的葡式蛋塔，加入了英國風味，結果大受歡迎，經澳門傳到亞洲各地。今天，在日本、台灣、香港等地吃到的葡式蛋塔，其實是澳門版的葡式蛋塔。葡式蛋塔在傳統定義上並非土生葡菜，但今天已是非常有代表性的澳門葡式美食。

真正稱得上是傳統土生糕點的，反而是知名度不如葡式蛋塔的西洋牛油糕。這種糕點來自阿拉伯，在摩爾人掌權時傳入西班牙及葡萄牙，後來又加入了印度風味，是土生葡人聖誕的必備美食，成份有糖、麵粉、牛油、欖仁、杏仁、椰汁及牛奶等，並加入杏仁碎粒，又軟又脆。它有點像中式年糕，但質感較硬，土生葡人會切片再配紅酒來享用。

葡式飲料也很有特色。無花果蜜是不少土生葡人夏天飲用的清涼飲料，用無花果樹葉製成。每年在七月及九月，當天氣炎熱，他們採摘無花果葉，用水煮數小時，再

---

32 "The 50 Best Things to Eat in the World, and Where to Find Them" in *Guardian*, 13 September, 2009

將葉打爛，釋出香氣，取出汁液之後加入黃糖、冰糖煮溶，變成蜜漿，再加水沖出無花果蜜，香甜美味。葡國的無花果葉清香四溢，但在當地卻沒有人用這種葉製蜜，唯有土生葡人發明了這種獨特飲料。現在，澳門還有老店全手工製作無花果蜜。

除了土生葡菜，澳門也保留了道地純正的葡國菜，例如焗鴨飯和烤沙丁魚等。焗鴨飯看起來很中國，但其實是傳統葡國菜，做法是把新鮮鴨子醃入味後，再烤幾十分鐘，並取肉煮高湯，然後用這高湯來煮飯，把烤鴨絲及葡國臘腸攪拌在飯裡，一起放在看起來很中式的葡國陶缽中烤焗。這是傳統葡國菜中特別適合中國人口味的一道。

## 小餐屋的葡國菜秘方

除了食物本身，土生葡菜的用餐環境也充滿趣味。陸軍俱樂部建於一八七〇年，當時葡萄牙剛開始全面殖民澳門，建了軍營之後，又在旁邊建立陸軍俱樂部。裡面有酒吧、餐廳、圖書館及遊戲室等，在二戰期間曾經收容香港難民。這間粉紅色的新古典主義建築，前方有柱廊及半開放式的露台，雅致而有氣勢，是澳門文物清單中受保護的建築。

葡國軍人其實早在七十年代就撤離了，這建築在一九九四年重修之後對外開放，開了一間葡國餐廳。這間餐廳充滿殖民氣息，內外都非常雅致，室內樓頂很高，有大石柱支撐，再配合葡式彩繪瓷磚及華麗吊燈，用餐環境優美。

但對於很多土生葡人來說，最精彩最道地的土生葡菜還是在舊區的小餐室中。這些餐室一般面積很小，也不重視裝潢，往往只是掛上一些老澳門的風景畫，或者隨意擺放一些如葡國天氣雞之類的葡式擺設。這種小餐室用的多是家傳食譜，口味獨特。澳門獨立電影《澳門街》就曾經把這種餐室視為澳門文化的代表[33]。

當年，土生葡人的家庭往往有自家食譜秘方，由母親傳給女兒，那甚至成為一個家族的標誌。這些家族食譜很少外傳，以致一些菜式失傳。亦有廚師表示，就算找到家族食譜，也難以百分百還原菜式，原因是記錄標準不一，例如在調味料一欄有時會寫「一仙姜黃粉」，但究竟當年一仙的姜黃粉可以買多少？實在難以稽考[34]。

土生葡菜既非正宗葡菜，也不會有什麼正宗土生葡菜，因為每個家庭、每間餐廳都有自己的秘方，味道有微妙差異，也由於缺乏標準化，因此總是處於變化中。五、六十年代之後，不少土生葡人移民至美國、澳洲及加拿大，因為當地難買某些材料，

33 有關近年的澳門藝文創作如何訴說澳門故事、建構澳門身份，本書第四章會有討論。
34 〈從「土生菜」發現世界〉，《梳打雜誌》第83期，2016年3月

他們的食譜又產生變化。今天談土生葡菜，談的往往不是什麼原汁原味，而是創新突破。有些土生葡人的廚師希望土生葡菜繼續創新，因為已經很久都沒有出色的新菜式[35]。這種根源不純、標準不一、隨時代變遷的料理，代表的正是澳門的混雜文化——不純不是它的缺憾，反而是它的優勢。

在澳門這美食之都，美食有時蘊藏了數百年的文化史。那不只是澳門史，更是全球史。

## 第四節　港澳港澳：說不清的差異與聯繫

「港澳港澳」，這是很多人叫得很順口的一個稱呼。但事實上，港與澳的關係與差異卻不是三言兩語可以說清。談澳門社會文化，亦不可不談香港對澳門的巨大影響。

港澳彷彿是一體：我們都講廣東話，語言上全無隔閡；我們只是一水之隔，可以輕鬆地當天往返；更重要的，是澳門人都看香港的媒體長大，對香港的政治人物與影視明星倒背如流。在文化上，香港跟澳門同樣深受嶺南粵語文化影響，兩者都是移民城市，都曾是華洋雜處的殖民地，也是兩岸較早進入資本主義的地區。再加上兩地生活方式頗為接近，回歸後同是中國特區，種種原因令港澳常被混為一談。

然而，港澳兩個殖民地的經驗其實大相徑庭。英國人是在十九世紀——也是殖民主義最白熱化的時代——用船堅炮利侵略中國的武裝殖民者，他們發動的是大規模的鴉片戰爭；葡國人則是在十六世紀——西方航海事業的初期——登陸澳門的航海者，他們佔據澳門的方式相對和平，跟香港的割讓大有不同。在歷史上，澳門早在十六世

35 蔡佩玲編，《從家傳的土生菜說起：口述歷史8》，澳門：東亞大學公開學院同學會，2015，頁47

紀就成了中國的最重要港口，在十七世紀漸走下坡；至於香港，則是在十九世紀開埠之後發展成繁榮的國際轉口港。

到了近百年，港英與澳葡政府的管治風格也大異其趣，尤其在過去半個世紀，港英政府在一九六七年的「六七暴動」[36]之後強勢管治，興建公屋（公共住宅）、成立廉政公署、發展基礎建設、提供免費教育，令香港現代化起來。至於澳葡政府則在一九六六年的「一二・三事件」後管治力弱，放牛吃草，澳門的基礎建設與制度建設遠遠落後於香港。此後，親北京的社團成了某種程度的民間政府，代理不少政府職能，力量有時比政府更大。澳門的政局無論在回歸前後都被稱為「超穩定結構」，權力版圖穩固，反對聲音小，社會運動弱。

英國及葡萄牙從古到今都是截然不同的歐洲國家。與香港迥異的殖民歷史與殖民宗主國，令澳門跟香港有許多不同。從七、八十年代開始，港英政府把香港打造成現代國際大都會，各行業蓬勃發展，是個競爭劇烈的商業社會，香港人的生活亦趨忙碌緊張。

相比之下，澳門無論在軟硬體方面都跟大都會距離甚遠，經濟結構單一；長久以來，澳門年輕人的就業選擇往往不是賭場就是政府單位，出路甚窄。澳門人的生活步調也緩慢休閒，不用面對激烈競爭。澳門人常說，當我們去到香港，就算什麼也不說，別人也會知道我們不是香港人——因為我們走路慢得多。在這樣的環境生活，澳門人普遍沒有力爭上游的競爭意識，多半滿足於平穩生活。

澳門跟香港的另一個巨大差異是城市規模。香港有數百萬人口，面積比澳門大數十倍，是個可以「大隱隱於市」的城市。澳門只有數十萬人口，空間狹小，人際網絡緊密，我們隨便出去逛逛都會遇到熟人，因此澳門亦被稱為「澳門街」，即是說整個澳門小得就像一條街而已。這樣的環境令澳門有濃烈的人情社會特質，優點是人們大多和善包容，充滿人情味，缺點是重人情人脈，輕規則制度。「識人好過識字」，這句描述澳門的話近年在網上風行，不無道理。澳門保有不少農村文化，不像香港從裡到外已蛻變成大都會。

在殖民時代，一個香港人很可能從小就在英式中小學接受英語教育，他長大後進入香港大學、穿禮服、吃西餐、說禱詞，受殖民地的精英教育洗禮。一些英式的文化及制度，早就成為香港的一部分。香港人常談的「香港核心價值」[37]，包括法治、民

36 發生於1967年的一次反殖民政府運動，亦稱為「香港左派暴亂」，參與者則稱為「反英抗暴」，從當年五月開始，十二月結束，被認為受到當時文化大革命的影響。運動起初是罷工及示威，後來發展成炸彈襲擊等行動，濫殺平民，最終五十一人死亡，接近二千人被檢控。事件令香港親中力量大失民心，亦令殖民政府改善施政，被認為是香港政治與社會發展的分水嶺。

主、人權、效率、專業性等現代文明要件，亦大多是殖民政府留下的遺產。然而，澳門並沒有在殖民時代變成真正的現代都市。殖民歲月雖然給了澳門諸如美食及建築等美妙的文化細節，但卻始終沒留下什麼足以成為澳門核心價值的東西。或許澳門人生活態度慵懶，正是反映殖民政府的管治作風。

## 無孔不入的香港媒體

近半個世紀，當香港發展成國際都市，商業與媒體業都非常發達，香港對澳門人生活的直接影響有時比葡萄牙更大。尤其是澳門本地的媒體產業落後，影響力弱，而香港媒體就成了澳門人吸收資訊與尋找娛樂的重要來源。從香港媒體，我們得知有什麼衣服流行、有什麼新電器上市、有什麼新車款推出、哪一種零食受歡迎、哪一種洋酒品質好、哪一本新書銷量佳。在澳門，房子的裝潢、家居的擺設、飯桌上的菜式、街上的車子，都受香港影響；食衣住行，無孔不入，多年如是。

更甚者，香港媒體告訴澳門人世界是怎樣的：要了解國際時事，我們要靠香港媒體的報導及分析；要去旅行，我們參考香港雜誌及電視旅遊節目的介紹。在二〇一一年，澳門人最常瀏覽的報章網站頭兩位是香港的《蘋果日報》（約57%）及《太陽報》（約

44%），第三名才是澳門第一大報《澳門日報》（約36%）[38]。在二〇一三年，有九成以上的澳門人有閱讀香港報紙的習慣，至於固定收看香港TVB新聞的澳門人（約88%）則比收看本地電視台澳廣視新聞的人（約66%）多出百分之二十二[39]。最近，香港TVB招攬廣告客戶，就強調它是全澳門最多人收看的電視台。

香港文化評論人梁文道曾經談到一個小故事[40]：有個廣州朋友跟他說，看港片港劇長大的他經常看到一種情節：古惑仔在街上被警察查問搜身，挑釁地說：「差人大晒嗎（警察了不起嗎）？」這令很多廣州人驚覺原來有人敢這樣質疑警察，學會了一種對體制的反抗精神。梁文道舉這個例子，是想說明港片如何影響大陸人的價值觀。其實，澳門人又何嘗不是？

由香港媒體孕育的流行文化，是一代又一代的澳門人生活中不可或缺的部分。我生於七十年代，到了八十年代中後期懵懵懂懂的開始了解社會與世界。當時，我讀的

37 2004年6月，近300位來自不同界別的香港專業人士在報章聯署《香港核心價值宣言》，列舉香港的核心價值觀，包括自由、民主、人權及法治等。聯署人認為回歸後香港政府連串的施政措施與香港核心價值背道而馳，他們希望保存香港的獨有文化及競爭優勢。

38 〈社交媒體衝擊下，澳門媒體何去何從〉，《澳大人》，2016年2月25日

39 同上

40 〈想像梁文道——並非不明不白〉，《明報》，2015年5月27日

是倪匡、亦舒、金庸等香港作家的小說，聽的是梅艷芳、張國榮、林憶蓮等香港歌星的歌，看的是TVB與港片。成長階段，我在香港文化的耳濡目染下慢慢懂事。

甚至，澳門人認同香港到一個地步，有時會自稱為香港人。以往有些澳門人在外國讀書，為免解釋澳門的麻煩（知名度太低），也因為身份認同模糊（澳門的本土身份建構比香港弱得多、晚得多），我們會向外國人宣稱自己來自香港。十七歲那年，我在加拿大讀大學預科，就會在老外面前說 I am from Hong Kong。這樣貪方便的、不假思索的自我介紹，背後是對香港微妙的認同[41]。

在加拿大的日子，我會跟一些華人同學去一間叫「香港城」的卡拉OK，唱的當然是廣東歌；偶爾去多倫多的唐人街，我會買一本香港的八卦雜誌，珍惜地一頁一頁的看；來自港澳大馬的一群學生，會窩在房間一起看同學租回來的港劇錄影帶，那時最受歡迎的是黎明的《原振俠》；我閒時閱讀的則是金庸小說，那一年讀的是《笑傲江湖》。

印象最深的，是我每個星期日早上都要走二三十分鐘的路去教會。戴著隨身聽，獨自走在白茫茫的雪地上，我聽著張學友的廣東歌《還是覺得你最好》，默默思鄉。那些時刻，我其實分不清令我思鄉的是澳門還是香港。在一個澳門留學生的鄉愁中，香港的位置是那麼重要。正如人總是離家才懂得想家，我是遠在加拿大才開始模糊地了解我跟香港的關係。

對不少澳門人來說，香港曾經是我們小時候看世界的指標。什麼叫現代都會，什麼叫地鐵，什麼叫電車，什麼叫衛星城市，什麼叫明星，什麼叫電影，什麼叫流行音樂，香港教曉我很多很多。我懂事之時正是亞洲四小龍的經濟火紅時期。小時候，每次坐船到香港，我都被維多利亞港的摩天大樓群震懾。香港代表了現代城市的某種典範：繁忙、進步、擁擠、高效、高速。澳門人談論問題時，也常常以「香港是怎樣怎樣的」作為標準，然後再對照澳門情況。

當然，後來我發現當年那些「香港標準」有時充滿缺失與盲點。例如到訪不同國家不同城市之後，我終於知道「維多利亞港標準」是偏頗的，是種變相的「曼哈頓迷思」。這世上很多城市小而美，古樸而寧靜，又或者是進步而不擁擠，並非一定要繁忙高速。像澳門舊區的歐洲小城結構，像台北有獨特而可親的文化與庶民風味，就並非用香港標準可以說明。至於香港人的生活忙碌緊張，有時亦是某種病態，並非值得追求的標準。但毫無疑問，有關香港的種種在我身上的確烙得很深。

當然，澳門人不會百分百對香港文化照單全收。事實上，因為政治經濟社會背

41 不過，近十年的情況有所不同，澳門人的身份認同大為增強，本書第四章會有討論。

景的微妙差異，澳門人對香港的態度有時會充滿矛盾。我們一方面仰望香港，想學香港，但這不易學，也學不來；另一方面，也有人拒絕香港的一套，不少人有「澳門人會吃不消香港的緊張生活」或「講人情不講制度也很好呀」等想法。尤其在二〇一四年香港雨傘運動爆發之後，澳門人對香港的態度明顯分成兩派：有人支持香港的抗爭運動，有人則斷定「香港好亂，香港人好麻煩，還是澳門最好最和諧」。

## 梅艷芳：一個「本土」的個案

有關香港對澳門文化的影響，我成長歷程中的梅艷芳是很好的例子。在八十年代，當我還是個懵懂的小學生，梅艷芳的《似水流年》與《蔓珠莎華》成了我與流行曲的最早親密接觸。現在說來，我也不知道一個十歲不到的小孩是如何能明白「望著海一片，滿懷倦，無淚也無言」的歌詞，但奇妙地，這首歌打動了我。還有梅艷芳的男裝造型，帥氣、冷酷，也令我印象深刻。

再來，她的《壞女孩》更不得了：一個濃妝艷抹的女人以挑逗歌聲唱出女性的第一次性經驗，並在舞台上有誇張的造型與大動作的舞姿，再加上中英夾雜的歌詞，這一切都是性別教育，那是在媽媽、老師、香港小姐及老派歌星徐小鳳以外的現代女性形象。當年甚至有電台因為這首歌「意識不良」而禁播。梅艷芳這香港巨星，大大影響了我們那一代澳門人的性別意識。

更甚者，作為第一代緋聞女王，她的私生活在一個沒有《壹周刊》與動新聞的時代已是萬眾焦點；今天說她吸毒，明天說她為情自殺，後天說她又有新男友。這些緋聞配上空前成功的壞女孩形象，這號人物對社會的挑釁是可想而知。至於私下的梅艷芳性格豪氣萬千，傳媒曾用「食客三千」去形容她，她也承認自己愛請客兼仗義疏財。

無論是傳媒揑造的或是她坦率承認的性情，梅艷芳都跟以前的傳統觀念及性別社會說再見。也因此，當年宣稱喜歡她是需要一定勇氣。尤其澳門民風比香港保守，而人口少的緊密人際網絡更令澳門人不敢造次。她對於二、三十年前澳門社會的衝擊、對澳門年輕人的影響，實在難以估計。

另外，梅艷芳在一個男人至上、黑幫片當道的時代，既多次擔大旗演主打女性角色的電影，如《胭脂扣》及《川島芳子》等，又在動作片演巾幗英雄，甚至凌駕男性，如《英雄本色3：夕陽之歌》及《亂世兒女》，令當時港片的性別風景變得多元化。幕後的她，巧妙地對照著電影中她的有情有義與仗義執言。她支持八九民運，既在幕前演唱籌款支持學生，亦暗地裡出錢出力，並為此付上代價，包括因為不願到大陸出外景而辭演關錦鵬為她量身訂造的《阮玲玉》。八、九十年代的澳門，一方面有回歸帶來的不確定，另一方面又有對中國大陸的情感，澳門人在時局中心情複雜。而梅艷芳的身教言教亦為我這個澳門中學生上了一課——有關家國、社會公義的一課。

我們很難去指認梅艷芳是澳門文化的一部分。但在個人層面，有不少澳門人像我一樣，被她印下了成長烙印，而在社會層面，她對澳門的影響亦不可謂不直接，從當時年輕女性的化妝（粗眉毛與深色眼影）與穿著（大墨鏡與厚肩墊），到她們的思想行為（不用以漂亮溫柔取悅男性的新女性）都是。當然，梅艷芳不是形塑八、九十年代的澳門女性特質的唯一因素，但香港媒體一向在澳門影響力大，紅透半邊天的梅艷芳肯定推動了社會變化。

香港元素其實已是成為澳門人生活與文化的一部分。像梅艷芳，她的歌與電影，是一整代澳門人的集體回憶，她也深深影響了澳門人的社會意識。而除了她，當年的張國榮、黃耀明、Beyond等在澳門亦有類似的影響力。因此，這種港式流行文化不應是澳門人在談論本土時要撇除的項目。梅艷芳是香港文化代表，但某程度上，梅艷芳也是澳門人的。而所謂本土，亦應該是一個開放的而非封閉的概念。這種多元與混雜，正是過去數百年來澳門文化的精髓。

## 有時，外來就是本土

近十多年來，在全球化的浪潮下，華人社會常談論本土。在全球一體化的趨勢下，持守本土是必須的。澳門人一方面懼怕全球化摧毀本土，另一方面擔心全面向中國大陸看齊而失卻獨特性，更是熱衷於捍衛本土。然而，在澳門關於本土的討論卻有時越走越狹隘。

我曾經在課堂上用好萊塢與迪士尼攻陷全球的例子討論全球一體化，說明強勢外來文化有可能導致我們跟本土文化疏遠。然而，竟有學生說香港電影也是「外來文化」，必須加以遏止，這說明了討論本土的盲點：我們不能帶著潔癖去定義本土。事實上，由於本土意識興起，近年一些澳門人有排斥香港人的傾向[42]。對澳門人而言，如果把香港人傳過來的菠蘿油、口頭禪與服裝潮流全抹走，如果把大陸傳入的粵曲與鹹牛肉罐頭全丟棄，那麼我們是否也要把葡式蛋塔與葡式建築一併驅除？這樣，澳門的「本土」還剩下什麼？本土的定義，從來不應如此狹隘。

42 有關這種排外情緒，本會第三章會有討論。

# 第二章——澳門巨變

## 三千萬遊客的一夜情：

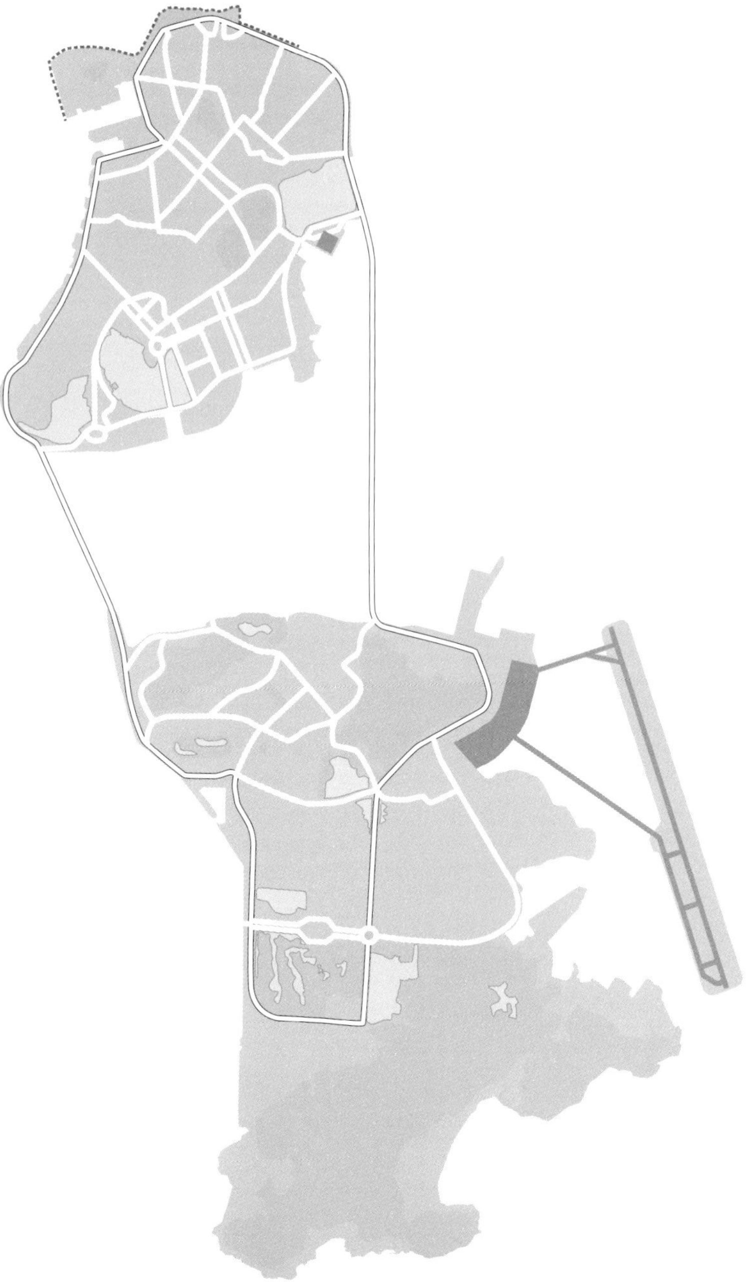

近十年，不少外地人相當羨慕澳門：薪水高，失業率低，政府年年「派錢」。但是，成為超級賭城究竟要付出什麼代價？自從十多年前開放賭業市場後，澳門迅速致富，成為世界第一賭城，現在每年接待三千多萬遊客。同時，澳門變得極度擁塞、物價高昂，社會問題百出，城市面目全非。在瘋狂的旅遊業席捲下，澳門被旅客「逼爆」，天際線被造型怪異的賭場雄霸，南歐小城風貌被庸俗奇觀改變，社會階級問題浮現。二〇一七年天鴿颱風來襲，狠狠地把各種累積已久的社會一次掀開，狀甚驚人。

# 第一節　颱風中不堪一擊的澳門

在很多人眼中，澳門的標誌除了大三巴，就是一座座豪華巨型的六星級賭場酒店，非常金碧輝煌。然而，二〇一七年八月颱風天鴿吹襲期間，新聞中的澳門卻彷如第三世界國家：淹到成年人脖子高的嚴重淹水，全城斷水、斷電、斷電話、斷網路，眾多市民拿著水桶在街上排隊裝水，還有造成十人死亡及兩百多人受傷。香港、台灣的朋友紛紛問候：「澳門怎麼了？」是的，澳門不是個很富裕的城市嗎？為何如此不堪一擊？

這必須要由澳門的經濟背景談起。澳門在四小龍時代發展輕工業，製造衣服、玩具、人造花等產品。雖然說不上是什麼經濟奇蹟，但總算令很多澳門人因此脫貧。然而，後來中國大陸改革開放漸見成果，自九十年代起，工廠紛紛北移，輕工業江河日下。

當時，香港轉而發展金融、房地產、服務業等新產業，但澳門卻沒有轉型，經濟一度非常蕭條，新區有不少「爛尾樓」，即工程開始之後因資金不足被迫停工的樓房。同時，因為賭場利益糾紛而生的黑幫爭鬥仇殺又沒完沒了，再加上九十年代末的亞洲金融風暴，澳門經濟雪上加霜，更在一九九六到一九九九年連續幾年出現了經濟負成長。

九十年代我正在台灣讀書，每次寒暑假回澳門，就聽家人說澳門的經濟有多差，失業情況有多嚴重。與此同時，中國大陸的經濟突飛猛進。因此，當年不少澳門人期望回歸能帶動經濟好轉。九九回歸之後，澳門經濟繼續低迷，第一任特首何厚鏵終於在二〇〇二年宣佈開放賭業市場。

澳葡政府早於十九世紀中葉宣佈賭博合法，發展出滿街賭場，賭業就成了過去百多年來澳門經濟的最大支柱。自六十年代起，市場由有「澳門賭王」之稱的何鴻燊的公司獨家經營。何厚鏵開放市場的舉動是為了振興經濟，打破壟斷，結果引入美資、港資的多間公司。自此，一座座拉斯維加斯式的超大型六星級賭場酒店相繼落成，澳門被翻天覆地改變。

首間開業的外資賭場是二〇〇四年的美資「金沙」。恰好，中國大陸在前一年開始港澳個人遊（即是自由行）政策。大量有消費力的大陸遊客遇上全中國首個大型賭場開幕，旋即生意火紅。短短兩年之後，澳門賭業的總收益已經超越美國拉斯維加斯，成為世界第一賭城，到後來更是拉斯維加斯的十倍。最近幾年，澳門每年接待的遊客已超過三千萬，人均GDP已穩坐亞洲第一，超過七萬五美金，在二〇一四年更曾經超過九萬，而本地居民的收入中位數已經躍升至每月一萬八千澳門幣[1]，失業率長期低於2%，號稱全民就業。

## 一場風曝露的一堆問題

當賭業令經濟飛速增長，澳門的社會問題卻是層出不窮，這一籮筐的問題可以由天鴿風災講起。

的確，天鴿是近數十年來吹襲澳門的最強颱風，澳門也罕見地掛起十號風球（即最高級別颱風），它的破壞力無庸置疑。然而，當天災造成民怨鼎沸，背後又有多少人禍？首當其衝的是氣象局失職。澳門的氣象局本來就惡名昭彰，近年多次不預警海水倒灌、延誤發出暴雨警告，更曾在暴風下維持三號風球讓市民冒死上班上學。二〇一〇年六月暴雨警報延誤，面對市民批評，局長馮瑞權的回應竟是「那日後就寧願虛報都不漏報吧」，早就引起民憤四起。

1 澳門幣價值與港幣相若，匯率是100:103；和台幣相比，匯率則是100:362。

這一次，當事前種種資料顯示天鴿會正面吹襲珠海及澳門，氣象局卻沒有發佈清晰預警，以致民間未有防備，市民措手不及。到颱風來襲當日，當香港早於清晨五點多掛起八號風球，全城一早得知停工停課，澳門氣象局卻是一貫愛理不理，在九點才改掛八號風球，部分市民卻已出門跟風暴搏鬥。

暴風之下，整個澳門慘被蹂躪。首先，是內港一帶發生嚴重淹水，水深超過一公尺，整個區域變成水鄉澤國，市民被困家中。除了淹水，各區都有塌樹、塌棚架，亦有不少招牌及窗戶飛墜，道路不能通行。躲在家中的市民也不好過，因為接著就發生大規模斷水斷電。澳門八成電力向珠海購買，而珠海電力站及澳門電力公司的設施都發生故障，結果全城斷電，不同區域斷電從數小時至數十小時不等。自來水公司的水廠亦受損，全城斷水。同時，澳門電訊的機站因淹水失靈，電話及網路亦一度中斷；澳門電台的發射站亦折斷，ＦＭ廣播受到影響。

如是，不少家庭進入叫天不應、叫地不聞的孤島狀態，幾乎全城癱瘓。風暴稍息，市民紛紛到街上的公共水喉管裝水，然後一桶一桶的拿回家，老弱小孩都不例外，一夜之間彷彿回到貧瘠的六十年代。風暴翌日，電話訊號仍不穩定，馬路上雜物未清，巴士路線局部開放，交通仍未回復正常，整個城市根本無法如常運作。

這次風災曝露了澳門軟體及硬體設施的脆弱。軟體方面，是政府部門的專業水平、溝通技巧、應變能力都不達標。硬體方面，則是水、電、電訊等基本民生服務不堪一擊。如果澳門像回歸前那樣經濟蕭條還說得過去，但偏偏過去十年澳門經濟發展驚人，直至去年，澳門財政儲備的資產總額已有四千多億澳門元。而澳門只有三十萬平方公里，人口只有六十多萬，管理上理應不難，為何這個世界級富裕的城市的種種制度及基礎建設沒有追上世界水準？澳門一方面金碧輝煌，另一方面怎麼彷彿是個落後的村莊？

颱風登陸之後的晚上，網上流傳不少照片，其中一張頗能說明澳門人的無奈：圖片上半部是路氹城的多家賭場酒店，依舊燈火通明，圖片下半部則是路

天鴿颱風來襲，澳門變得彷如第三世界國家。（陳顯耀攝）

環的石排灣公共房屋群，完全漆黑一片。後來有網友說明，賭場有自己的備用電，因此可以在全城斷電下繼續閃閃發亮。但無論他們用的是否為自家電力，照片中的強烈對比都反映了澳門人的複雜情緒：澳門的賭業經濟表面風光，但澳門人的生活品質又是怎樣的？

這次風災觸動不少澳門人的痛處，那彷彿是一個隱喻：就像政府對這個颱風沒做好預警與事前準備，政府當年讓賭場在澳門遍地開花，然後衍生各種問題，整個社會也沒有預警與準備，導致市民叫苦連天。

當澳門越來越富裕，民生問題卻越來越嚴峻。就以交通為例，異常落後的交通設施，根本沒辦法應付六十多萬人口與每年三千多萬的旅客。政府早於二〇〇九年開始輕軌工程，但多年來超支、延期、官司、路線爭議，直到今天仍然落成無期，建造中的輕軌站被網民取笑是大型公共藝術。

當交通問題越來越嚴重，政府卻不去控制人口增長。九九回歸之後，澳門人口從四十多萬大幅增長百分之五十，今天已有六十多萬人蝸居於這狹小城市，每平方公里有二萬多人，人口密度已是全球之冠。然而，如此擁擠的城市卻沒有軌道交通系統，道路不勝負荷，天天大塞車。其實，澳門的人口增長是輸入性的，主因是外勞，這本來可以控制，但大型賭場一間接一間的開，大批外勞隨之湧入，政府不加限制，交通問題成了不可解的結。

房屋問題亦甚為嚴重，新房子價格現時每平方公尺近十萬澳門幣，即是每坪超過一百萬台幣，別說是清貧家庭，就是中產階級也買不起。至於公共房屋的興建亦甚為緩慢。由於房價飆升，政府在二〇〇七年承諾會在五年內提供一萬九千個單位，但十年匆匆過去，承諾至今未有兌現，數萬個住戶苦苦等待公共房屋，以現在的進程，估計要用十五年時間才能履行當時的五年承諾。

醫療服務亦為人詬病。當人口劇增，公共醫療卻沒有趕上，大排長龍苦等數小時已是司空見慣，近年的多次醫療事故更令人對澳門醫療信心盡失，不少人寧願往香港或台灣就醫。物價高漲亦猛於虎，今天在澳門吃一頓最簡單的飯，價格往往是兩岸四地之冠。至於這次風災下的水患，澳門人也不陌生，因為內港一帶每逢暴雨必會淹水，政府多年來整治不力，情況始終沒有半點改善。

近十多年，澳門的民生問題似乎比賭權開放之前更加嚴峻。最基本的交通、置業、就醫等需要，越來越難得到滿足：交通的燃眉之急始終解決不了，住屋問題沒有得到緩解，物價狂升也沒有對策。今天澳門人的無奈是：經濟發展了，薪水增加了，但基本生活竟比以往更為困難。

以上種種問題早已令澳門人怨聲載道，在這次風災中，竟連最基本的水電與手機訊號都沒有了，澳門人的生活被推到貧乏的極致，與繁華景象及經濟成果形成強烈對比。這又牽涉另一制度問題：澳門的水、電、電訊等公共事業長期被壟斷，這些公司的服務及收費亦經常被質疑，其中尤以澳門電訊為甚，收費高、網速慢，更多次發生斷網事件，一直被猛烈批評。這一次，一個颱風就把三種公共服務一次摧毀。

這個在短短數年間因賭業致富的城市，長期缺乏良好的軟硬體公共建設，終於在颱風之下原形畢露，在世人面前赤裸地曝露了脆弱落後的一面。

## 聞名的「澳門特產」：派錢

風災之後，政府召開記者會宣佈災後措施，要點可以用兩個字概括：派錢。這包括向每位死者的家屬發放三十萬慰問金，而傷者以及受災的家居及商號亦獲得賠償。然而，除了派錢，卻不見有效的救災方案。

近十年，其中一樣聞名遐邇的「澳門特產」就是派錢措施。當鄰近地區的人知道澳門政府每年派錢給市民，大多羨慕不已。這幾年，金額已提升至每人每年九千澳門元，金額可謂不小。但為了這九千元，澳門人付出了什麼代價？

先來回顧一下澳門的「派錢歷史」。自二〇〇四年首家外資賭場開幕，連串社會問題迅速湧現，民怨積聚。二〇〇六年及二〇〇七年五一勞動節的遊行都發生警民衝突，後者更有警員開槍惹起滿城風雨。然後，非常適時地，時任特首何厚鏵二〇〇八年宣布稱為「現金分享」的首次派錢計劃，每位市民可獲五千元。果然，派錢化解了部分民怨。此後，派錢成了澳門政府的靈丹妙藥，成為每年施政報告的焦點，金額也一加再加，到了二〇一四年加至九千，保持至今。就連香港也曾仿傚澳門，在二〇一一年破天荒派錢六千港元，只是此舉在香港受到的爭議比澳門大得多，後來無以為繼。

派錢已持續十年，已是意料中事，穩定民心的效果已逐年降低。現在政府是騎虎難下：不派錢嗎？不少市民肯定非常憤怒；繼續派嗎？效果又已經不大如前。不斷加錢也不是長遠之計。當庫房充盈，派錢當然不成問題，但前幾年的賭場生意曾顯著下滑，加上亞洲不少國家紛紛開賭場，面對競爭及其他外在因素，澳門的賭業一定長紅嗎？

其實，政府也曾嘗試降低市民對派錢的期望，自二〇一四年至今沒有調高金額，但奈何房屋、交通、通膨、外勞等問題仍纏繞澳門，政府為民心仍得繼續派。除了派錢，政府亦不斷增加一些中短期的福利（如醫療券、養老金、電費補貼及學生書簿津貼）以穩定民心。但是，種種福利都沒法令澳門成為宜居城市。

當各種結構性問題遲遲未獲解決、物價年年升，市民的想法也很實際：反正社會問題解決無期，派點錢總好過政府亂花——從舉辦東亞運到籌建輕軌系統，政府大型項目嚴重超支一直為人詬病。年年派錢其實不是好兆頭，這意味著政府沒信心解決當下問題，因此只有透過不斷派錢及增加一些中短期的福利以穩定民心。

澳門從一個一窮二白的小城，一下子躍升為經濟暢旺的知名旅遊城市，可謂名利雙收。今天，澳門缺的已不是錢，不必盲目追求GDP或旅客數字的增長。相反，過多的旅客、過多的賭場、過高的房價已經令不少澳門人叫苦連天：買不起房子、搭不到公車、找不到停車位、等不到公共房屋、受不了通貨膨脹、躲不了進入社區的賭場。然而，在近年的施政報告中，重點仍是派錢與短期福利，不見有遠景的新思維新計劃。

## 派錢無法對症下藥

這種貌似公平的無差別派錢，並非良好的公帑運用，因為它沒辦法對症下藥。首先要弄清的是，派錢所為何事？如果為了幫助社會弱勢，便不應人人有份，而是應該完善社會福利制度；如果純粹是為了與民共享經濟成果，也並非全然不可，但應該建立一套計算方法，與政府收入、支出等掛勾，每年計算紅利發放。無論是哪一種情況，都需要建立機制，而不是像現在的「請客吃飯」。

其實，何厚鏵在卸任前已宣布凍結賭業發展規模，政府亦承諾推動澳門經濟適度多元化，讓澳門成為宜居城市。然而，市民不但覺得澳門越來越不宜居，就連遊客都受不了澳門的擁擠。不少旅客向媒體大吐苦水，抱怨在澳門等計程車望穿秋水，過關時間亦動輒一兩個小時。這樣的城市，似乎不宜居，也不宜遊。

當然，澳門也有人因為派錢而對政府讚不絕口。我有朋友曾經在筷子基一帶做社區調查，收集該區市民的意見，不少市民表示澳門政府又派錢又增福利，絕對無可挑剔。但諷刺的是，筷子基是天鴿颱風的重災區，既有嚴重淹水，斷水斷電的情況也是全澳門數一數二的重災區，不知道當天盛讚政府的市民在颱風之後會作何感想？

政府在二〇一二年推出人口政策諮詢文本，揚言二〇三六年澳門人口會增至八十多萬，比現在多出近二十萬。至於旅客量，旅遊局亦預計未來會增加至每年四千萬。這更令坊間質疑：對量的追求並非澳門之福。每人派錢九千，即是一個貧窮家庭可以一次得到三數萬澳門元，的確是及時雨。然而，澳門人更需要的，是解決長期社會問題的良方，以及可以樂觀展望的未來發展藍圖。

幾年前，澳門有媒體請讀者網上投票，選出當年的澳門關鍵字[2]，前十名如下：第一名是「綠巴」（車禍頻生的一家新公車公司）、第二名是「通脹」、第三名是「盲搶鹽」

（日本發生核事故，坊間謠傳鹽可防幅射，市民爭相搶購）、第四名是「小潭山」（大型工程影響氹仔小潭山的自然環境，引起社會爭議）、第五名是「房價」、第六名是「掘路」（政府頻繁地開掘道路帶來諸多不便）、第七名是「仆街」（當時盛行的一種行為藝術，澳門年輕人曾用以表達對電訊公司的不滿）、第八名是「文化創意產業」、第九名是《那些年，我們一起追的女孩》、第十名是「塑化劑」。

以上十組字中有八組是負面新聞，而且多是本地事件，說明做澳門人並不快樂。食衣住行中，房價已是眾矢之的，公車亦人盡唾罵，掘路則天怒人怨。至於日用品的價格，當然也在通貨膨脹之下大幅提高。自然環境及景觀，往往成了經濟發展的犧牲品。再加上一些由前朝政府遺留下來的問題——如電訊專營合約，澳門人似乎一方面在經歷百年難得的發展機遇，但另一方面亦承受百年一遇的問題大爆發。這一連串的負面關鍵字，點出了賭權開放之後，在亮麗的經濟數據背後的澳門人生活。

## 第二節　逼爆：旅遊業的過度發展

旅遊業令澳門致富，但旅遊業也令澳門人痛苦。為什麼？以下兩則新聞可以見微知著。

非常吊詭地，當澳門經濟越好，生意卻越難做。在二〇一三年，澳門市中心議事亭前地的星巴克及荷蘭園馬路的商務書店相繼結束營業。原來，就連外資都受不了澳門的營商環境。

以往，澳門是個沉悶單調的城市。在最近十多年的急速變化中，不少街坊小店漸漸隱退，令人深感可惜；但另一方面，外來投資也可能為沉悶的澳門帶來一點新面貌，甚至注入多元文化。如果把外資粗略分成可親的及不可親的，對澳門人來說，書店與咖啡店應該屬於前者，那至少代表了一種優雅的氣息。

澳門一向書店稀少，也沒有咖啡店文化，因此星巴克與香港連鎖書店「商務」的進駐，多少代表了一種可喜的變遷——我們雖然拒絕不了賭場，但如果經濟發展可以帶

2〈2011澳門十大關鍵字〉，《新生代》第70期，2012年1月

來更多書店及咖啡店，也還算不錯。就算是美式連鎖咖啡店，也總比滿街的藥房好一點，這願望其實很卑微。但後來，澳門最早開設的星巴克被拒絕續租，原址變成化妝品連鎖店；至於商務書店則有傳聞是因人手不足，無奈結業，原店面變成餐廳。

澳門人的感慨，已經從告別街坊小店發展到對連鎖店的悼念：是的，就算我們張開手擁抱連鎖店，也驚愕地發現澳門連帶著那麼一點優雅的連鎖店也保不住，可以繼續在市中心生存的店鋪，包括多到淹死人的藥房及化妝品店，還有為數不少的手機店及電器行，多是為遊客而設，跟本地人漸行漸遠。

因此，星巴克與商務書店的結束營業頗具代表性。在經濟方面，這說明在澳門做生意之難，已不限於中小企業，甚至連鎖店也受不了，這是非常病態的營商環境；在文化方面，也說明澳門人寄望外資帶來不同文化洗禮的希望破滅。澳門的宿命是：當經濟不景氣，城市很單一很沉悶；經濟發展起來時，市面暢旺，但單一與沉悶卻以另一種面貌出現。

主要原因，就是澳門被遊客攻陷「逼爆」。近幾年，澳門每年接待超過三千萬名旅客，對照台灣在二〇一六年一整年的旅客量，都不過是稍微超過一千萬人次——澳門的面積只是相等於台北市文山區，同樣是三十平方公里左右。

作為一個旅遊城市，澳門理應深明待客之道，然而，對於數千萬旅客，澳門真的要多多益善？當市民已經覺得城市被逼爆，但旅遊局卻多次表示澳門接待旅客的能力仍未見頂，頗有一副「放馬過來」的從容不迫。不過，每天塞車、擠公車、排長龍過關去大陸、在街上跟旅客爭路的市民卻不同意。在二〇一七年的十一黃金周長假期，短短八天已有九十多萬旅客入境澳門。市民已經習慣：旅客逼爆澳門，海關人山人海，市中心寸步難行，等計程車苦不堪言。

面對今天旅遊業為澳門人生活帶來的巨大衝擊，我們要回到原點思考：發展旅遊業的終極目標到底是什麼？當年，政府宣佈開放賭業市場是為了拯救疲弱的經濟。幾年之後，澳門的賭場收益已超越拉斯維加斯，澳門人的心情已由欣喜變為擔心，甚至因擔心而生質疑——不斷求數字的攀升，是澳門之福嗎？

旅遊業令澳門致富，功不可沒，但是，澳門已脫離十多年前的一窮二白，因此思維必須改變：發展旅遊業是為市民謀福祉，讓澳門人過更好的生活，如果過多的旅客使我們生活品質下降，甚至有可能像香港那樣，激起本地人與大陸遊客之間的矛盾，澳門就必須調整旅遊業的步伐。

## 旅遊業的迷思：帶旺

這幾年，「旅遊承載力」的問題被廣泛討論。當旅客量大，相關產業自然生意興隆，但這對旅遊業的長遠發展卻不見得是好事。澳門銳意成為「世界旅遊休閒中心」，但「旅遊」談得多，「休閒」談得少。幾年前的春節，有電視台訪問大陸旅客，有人說：「想不到比春運更熱鬧！」網友分享遊澳經驗：「人生中第一次，人擠得連走路都要等！」

「休閒」兩個字，其實關乎澳門的未來。澳門一直希望經濟適度多元化，想發展商務旅遊、文化旅遊，帶動展覽會及文化產業。當澳門繼續擁擠，賭業並不會受影響，因為澳門仍是中國唯一合法賭城，賭客別無選擇。但是，文化旅遊講求格調與休閒，商務旅遊亦不會選一個人滿為患的逼爆城市，當遊澳門的差劣口碑傳出後，未來仍選擇來澳的只會是純賭客。

我在廣州的朋友，是中國近年興起的中產階級，他們曾經很愛來澳門。二〇〇三年，他們首次來玩，愛上澳門的文化與休閒。但自從過關來回動輒要三、四個小時，而澳門又太擁擠，他們就再也沒有來了。隨著大陸遊客消費力日增，出境旅遊限制放寬，他們已有不少選擇。如果旅客量不減，受苦的首當其衝是市民，受害的還有澳門的未來：這樣下去，來澳門的只會是文化水平不高的、不作其他消費的、不會幫助澳門產業多元化的賭客。到時，不用談什麼展覽會與文化創新產業了，多開幾十間當舖便可。

其實，澳門要調整旅客量並不困難，只要跟大陸相關部門商議，減少自由行的省市，或限制旅客來往次數即可。然而，澳門政府不單沒有限制旅遊的規模，反而雄心壯志要把不同區域變成遊客區，例如把亞婆井前地打造成另一個議事亭前地——前者是一個依然幽靜的歐洲式廣場，後者是長年人滿為患的旅客集中地。澳門人懼怕其他區域會「議事亭前地化」，市民的生活會進一步受打擾。

在今天澳門，任何事情只要一扯上旅遊業就得到政府高度注目——在寧靜的西灣湖廣場建夜市是為了增加旅遊元素，發展文創產業是為了文化旅遊，舊區重整是為了吸引旅客消費，甚至計劃建一個新的公共圖書館的目的之一，都是為了打造旅遊地標。

這種思維，本來可以理解。除了旅遊業，澳門沒其他經濟強項；而且，我們也希望旅客來澳門不只是去賭場，還要到不同區域了解澳門，推動賭業以外的其他產業。因此，從政府到民間都不斷尋找不同區域的旅遊潛力，實在無可厚非。然而，這種思維近年卻矯枉過正，只要一提到旅客就頭腦發熱，只要一牽涉旅遊項目就衝衝衝，卻不知旅遊業發展不是沒有代價的，更不知民間早已蘊釀反感情緒。其實，旅遊業這種經濟靠的除了旅客，更要靠本地人支持——如果旅客令本地人反感，受到不禮貌對待，這個旅遊城市還會成功嗎？

除了開發不同區域的旅遊價值，政府也嘗試開拓新的旅遊路線，一方面企圖分流旅客，另一方面也為了帶旺各區經濟。在商業社會，「帶旺經濟」是天下無敵的四個字。可以賺錢，誰會反對？誰敢反對？不過，我們還是要問：如何帶旺？是怎樣的「旺」法？每一區都要那麼「旺」嗎？

首先，旅遊業帶旺各區的方式，自然是增加迎合遊客的店舖。明顯地，來澳遊客要買的不是水果毛巾或文創產品，而是藥、奶粉、化妝品、手機、名牌包包。因此，當某一區的遊客越多，就會有越多這種店舖。這勢必火上加油地推高租金，令小企業受苦、甚至是關門大吉。而且，當一間文具店變成美妝集團「莎莎」，也割斷了社區聯繫。這樣的「旺」，代價高昂。

當然，遊客也要吃，也會帶旺食肆，但一間小店面對顧客劇增會應接不暇，並導致價格上升，食物質素下降。幾年前，沙梨頭有個賣炒河粉的攤子經香港節目介紹之後，大量遊客令老闆不勝負荷，先是小休，後來索性結束營業。遊客少吃一碟炒河粉沒什麼，本地人少了一種地道美食，再不易見到一個熟悉街坊，卻是一大損失。

被資本主義「賺錢大過天」觀念洗腦的我們，很迷信「帶旺」這兩字。但其實，是不是每區都要那麼旺？有些純住宅區本來就該清靜，有些休憩區本來就該閒適。我們歡迎遊客看不同面貌的澳門，也贊成某些具文化旅遊潛質的區域值得發展，但對於把所有社區都要帶旺的思維，卻不敢苟同。

## 第三節 奇觀之城：城市空間的變異

澳門很小，所有大型建設都會牽一髮動全身，影響整體城市景觀。成為賭城之後，澳門的劇變就明顯地反映在城市空間上——例如天際線的變化。

一個城市的天際線——即是建築群在天空形成的風景——除了讓旅人駐足拍照，還有什麼別的意義？開放賭業市場之後，澳門多次發生關於天際線的爭議：有人反對興建高樓大廈遮擋松山燈塔，有人批評高樓影響主教山教堂的景觀。

我們會從帝國大廈等高樓一眼認出紐約，會從高聳的巴黎鐵塔馬上感覺到巴黎風情，也會把維多利亞港視為香港的一張臉；如果一個城市可比作一件商品，那麼，城市的天際線就像商品的商標——例如麥當勞的那個M、Starbucks的綠色圓圈、迪士尼的米老鼠。這十多年來，澳門的大型賭場酒店一幢接一幢竣工，城市的天際線可說是日新月異，這些高樓除了改變澳門的「商標」，還隱藏了其他意涵。

嘗試回顧過去數百年的城市發展史，當可發現一個城市的天際線帶出了多少政治經濟文化的訊息。我暫且把它稱之為「天際線驗證法」：想了解一個時代，只要看看當時的城市照片或圖畫，便可以在三秒鐘內從天際線看出當時的政經局勢。工業革命以

新葡京改變了澳門的城市景觀，令人無法避視。（陳顯耀攝）

前的歐洲，一個城鎮的最高建築物一定是教堂，那是歐洲文化的表徵，也代表了歷時十個世紀的政教合一的中世紀時期。直到今天，歐洲很多國家都有法律規定教堂附近的某個範圍內不能有高於教堂頂部的建築。後來，歐洲進入工業革命時代，一些城市的天際線馬上被高聳的工廠煙囪佔據，那代表的是工業的興起，農業的退位讓賢。

到了近一百年，世界各地的城市紛紛興建摩天大樓，代表作有美國的帝國大廈與世貿中心，這種商業大廈標示了資本主義的高度發展與建築科技的發達。近數十年，不少國家前仆後繼爭建世界第一高樓，同時，高塔也成為另一種雄據天際線的建築；八十年代的東京地標是東京鐵塔，東方明珠塔至今是上海的重要標誌，澳門的旅遊塔亦大大改變了澳門半島的天際線。高塔一般有兩大用途，一是作電視訊號輸出，二是作觀光景點，這代表了資本主義社會的轉型——從最早的製造業主導，變成後來的傳播業（尤其是電子傳媒）與旅遊服務業主導。

## 展示權力的天際線

一個城市的建築群往往暗示當時的經濟型態、文化環境、科技發展，甚至是政治局面，簡言之，就是誰（某種勢力或產業）在這個城市掌握了權力。澳門的天際線變化，正正說明了這城市的政經變遷。

從離島氹仔看澳門半島，三十年前最顯眼的是葡京酒店及主教山教堂，前者是賭場旗艦店，是澳門的經濟命脈，後者是偌大的天主教堂，是葡國國教的象徵，兩座建築遙遙相對，似是河水不犯井水，卻頗有張力：一個代表聖潔，一個象徵敗壞。到了九十年代，中國銀行大廈以全澳第一高樓的姿態落戶，確立了在賭場及澳葡政府以外的另一種政治經濟勢力，也預視了九九回歸的權力交接。

近十多年，大型賭場酒店爭相進駐。它們像巨獸一樣比高比大，一方面翻天覆地的改變了天際線，另一方面則暗示了賭權開放後的經濟形勢。其中氣焰最高的是新葡京賭場酒店，它樓高八百多公尺，在澳門是僅次於旅遊塔的第二高建築。除了高大，它一身閃亮的金色，既像一朵花，又像一把倒插的劍，造型怪異顏色刺眼。這座建築揚名海外，曾被一個旅遊網站選為全世界十大最醜建築之一[3]。由於位處人口密集的澳門半島，新葡京是很多澳門人每天避不開的景觀。

高樓跟權力的關係，在今天澳門這個「空間的戰場」是清晰可見的。從永利酒店的位置，我們會明白這種戰術：永利不只一度佔據了從氹仔看澳門的風景線，如果從新馬路末端的十六號碼頭看過去，永利酒店揚起的曲線更牢牢的把舊葡京整個罩住，再加上大大的「勝利」(Wynn)字樣，那股氣勢彷彿要把舊葡京吞下去似的。英皇酒店是另一例子，只要從荷蘭園大馬路的中央圖書館往南灣的方向一看，英皇佔據了一大片天空，招牌非常醒目。

荷蘭園與新馬路都是重要的交通幹道與商業中心，自然成為兵家必爭之地，但有趣的是永利及英皇佔據的不是這兩條路的店面，而是天空的空間；這是商業的競爭，也是權力的競賽、空間的爭奪。就正如一種商品會選最顯眼的位置打廣告，一幢象徵某種權力的建築也自然選擇最有利的位置，甚至最好連整個城市的天際線都因它而改變，最好是無孔不入地讓所有人看到。

除了打廣告，天際線的改變還有更深層的文化心理作用，空間的建構最終會影響人的思考與行為。哥德式建築的高聳造型，以及其內部狹長的空間、昏暗的燈光、不太透光的彩繪玻璃，既營造出與俗世隔絕的氣氛，也使人有一種必須對它(建築物／宗教領袖／神)仰望的氣勢。這種建築，是要使人去敬畏那個宗教政權。

另外，空間又會影響人的行為。中學時，我有個朋友去了美國一趟，我在她的照片中發現了很有趣的事情：她在迪士尼樂園的古堡前拍照，穿的是蕾絲花邊連身裙，她在紐約鬧市中留影，穿的則是時尚的牛仔裝。雖然只是中學生，但她很清楚什麼地方有什麼個性，因此她以不同服裝配搭來因地制宜，我甚至可以想像她在迪士尼的古堡跟在紐約市中心講話的姿態都不一樣。

空間不只有關視覺，還有關於心理，甚至關於行為。城市社會學中有「符號互動論」[4]（Symbloic Interaction）的學派，學者指出一些視覺符號如何塑造了城市人的生活。一個人接收了美國影集《慾望城市》那一套符號後再去紐約，其言行就很可能與沒有看過影集的人有所差別；這影集把紐約塑造成節奏輕快、生活時尚及充滿情慾氣味的城市，觀眾看後深受影響，有天到訪也會調整言行。又例如舊金山的地標是金門大橋，因此這城市給人的感覺總是比較悠閒；紐約的標誌是曼哈頓的密集建築群，因此它總是令人感覺繁忙。這種空間符號帶來的文化想像影響了遊客，也影響了當地市民，最後成為一種生活模式、思考方式。

3 "Top 1o Ugly Buildings around the World" in *Reuters*, 15 July, 2011

4 蔡禾、張應祥著：《城市社會學：理論與視野》，廣州：中山大學出版社，2003

因此，當一座座的巨型賭場酒店拔地而起，遊客對澳門的觀感改變之餘，澳門人的形象也會因此不同；當金光閃閃的賭場外觀已是家常便飯，我們的價值觀也可能潛移默化的改變；當澳門在媒體上出現的形象總離不開一幢幢造型奇特的大型賭場，澳門人的自我形象也會有微妙的變化。我們創造了空間，空間又反過來形塑我們的生活，來給我們的生活賦予意義。城市社會學關注這個問題，環境心理學也對此作出不少研究。

今天改變澳門的除了賭場員工的薪水、大批的旅客、物價的上升這些實質的東西，還有看來很抽象的城市空間。因此，對於氣勢凌人的新葡京，要討論的已經不只是它美觀不美觀的問題，而是：已經成為新地標的它如何形塑了澳門的城市形象？這樣令人無法避視的建築物，如何改變了澳門人的思考、行為，甚至是價值觀與自我形象？新葡京開業九年多以來，外觀始終跟澳門半島的景貌格格不入，無法贏得民心，不少人更有抗拒情緒。但對於威尼斯人及銀河酒店等相對(其實只是相對而已)順眼的建築，澳門人卻已頗為接受，甚至經常到那裡消費。

城市天際線對城市人的影響是多面向的：它是對外的，也是對內的；它有宏觀的一面，也有微觀的一面。它是澳門人面對國際社會的一張臉，對於商人是否投資、旅客是否來澳玩樂，都有一定影響，這是它的外向性；它也是澳門人認識自己的重要指標，定義著什麼是澳門、什麼是澳門人，到最後化為我們的思考模式，這是它的內向性。

它有著宏觀的意義，因為它標示的是澳門的政權變化與經濟結構；它又悄悄地走進我們生活的最微小角落，它影響我們對美感的看法、對金錢的態度。澳門的天際線對旅客而言，也許只是驚鴻一瞥，但澳門人卻不應漠視這片跟我們朝夕共對的空間。我們應該好好聆聽天際線說話，重新思考今天的澳門、今天的澳門人。

## 取悅遊客的假歐洲

我曾經作出這樣的比喻：旅客跟一個地方的關係是一夜情，居民跟一個城市的關係卻是長期伴侶。一夜歡好之後，旅客不會太關心某個旅遊勝地後來變成怎樣，但居民卻必須跟這地方長年朝夕共對。於是，問題就來了——如果一個地方只顧討好旅客，種種設施與規劃都是為「一夜情」而設，那麼，居民情何以堪？

今天，旅遊業是生金蛋的雞，旅遊資源常常被不加節制地利用，城市景觀就首當其衝大受影響。觀光業的核心就是「觀」，那從來是「視覺先行」的玩意；所謂的景點，必須要有叫人馬上舉機拍照的吸引力。尤其在網路時代，拍照不只證明到此一遊，更要上傳至網上供一眾親友按讚。於是，景點就更要有視覺效果，甚至最好是某種奇觀。

靠旅遊業吃飯的澳門，就不幸地變成了「奇觀之城」。以往，旅客從香港坐船到達澳門，最先見到的是松山頂上的燈塔，塔頂晚上還會射放出溫柔亮光。多少年來，那是陪伴澳門人成長的地標。雖然今天是旅遊勝地，但這燈塔本來並非景點，而是在航海時代有實用價值，負載一段澳門歷史。然而從二〇〇六年起，港澳碼頭旁建成了新景點漁人碼頭，經海路到澳門半島的旅客首先見到的換成一座形狀怪異的假火山，還有一些仿歐洲建築。至於有百年多歷史的燈塔，不敵假火山等新景點，突然黯淡無光。

這座假火山是澳門城市景觀劇變的一個轉捩點，此後，澳門原有的南歐風貌、閒適步調、小城風光被掠奪式的旅遊業重擊，然後有了比假火山更怪模怪樣的賭場，有了世遺景觀被破壞、自然生態受威脅等連串事件。澳門城市景觀的劇變直接地說明了旅遊業帶來的影響：為了吸引自由行旅客，不少新建設走浮誇、華麗、古怪路線。這些建築不必好看，它們的目的只是要令旅客叫出嘩嘩聲，然後舉機拍照即可。畢竟，旅客逗留澳門的平均時間不足兩天，無論喜歡與否，他們很快離去，剩下澳門人每天跟這些為旅客而設的景觀共處。

後來，漁人碼頭改建，拆了假火山，建成了布拉格主題酒店。這新酒店有兩重意義：首先，今日不少大陸遊客已有能力遊歐洲看真古蹟，究竟這種以二十年前深圳主題樂園「世界之窗」的水準所粗製濫造的假歐洲，要吸引什麼檔次的遊客？這些遊客又會如何殘酷地改變澳門？另外，吊詭的是，澳門本來就歐式古蹟處處，但為何從威尼斯人賭場、布拉格酒店到巴黎人酒店，近年一直建造仿歐洲的新建築？

這就是今天澳門的困局：對某個檔次的旅客來說，如假不換但賣相比較平實的真歐洲古蹟的吸引力，不如仿歐洲的豪華賭場酒店。於是，過去幾年，真古蹟在城市發展的巨輪下備受威脅，如望廈兵營、高園街公務員宿舍及下環街均益炮竹廠陸續被清拆，但同時，假歐洲建築卻是建了一幢又一幢。對澳門人而言，真正代表本土文化的、跟居民建立了感情的建築，卻肯定是前者而非後者。

旅遊城市的命運，其實是被觀看——那就像荷蘭阿姆斯特丹的紅燈區中，站在「金魚缸」裡被路人觀看的性工作者，她們化的妝、穿的衣服，自然不是個人喜好，而是為吸引嫖客。同理，一個旅遊城市總想滿足旅客，卻往往忘了自己——即是本地居民的需要與感受。尤其在澳門，人口只有六十多萬，旅客每年卻有三千多萬。可想而知，在驚人的經濟利益下，本地人是可以輕易地被忽略的。

今天，當旅遊業幾乎等同於賺快錢，澳門絕非個別例子。前年我遊泰國華欣就非常錯愕，當我準備享受陽光海灘，卻在那裡發現希臘小屋與威尼斯運河！華欣是以往泰國皇室度假的地方，距離曼谷不遠，以海灘聞名，遊客眾多。近幾年，華欣建了林林總總的新景點：例如一個仿照威尼斯建的購物中心小威尼斯、一個仿照希臘小島建的主題樂園、一個仿照泰國舊貌而建的主題式商場，還有好幾個大型outlet，充斥各種奇觀。

華欣是個可愛的地方。長長的海灘有寧靜舒適，熱鬧的夜市有草根活力。華欣也有古蹟，皇室行宮「愛與希望之宮」清幽美麗，古老的火車站甚有風味，而且到現在仍然運作。作為度假勝地，華欣其實已有足夠魅力。但這有自然資源與文化古蹟的地方，卻要猛建新景點，以小威尼斯、希臘主題樂園與大型outlet吸引遊客。

跟澳門一樣，華欣反映了旅遊業的發展邏輯就是奇觀越多越好。一個地方的景點多，即是代表它越好玩，旅遊價值越高。現在的旅遊書每一兩年就更新，市場對新景點頗為饑渴，以旅遊業為經濟支柱的地方更不能沒有新建設。再加上現在旅客重遊一個地方的機率大增，例如不少港澳人去泰國、日本及台灣等地旅行的次數頻繁，作為旅遊勝地更需要有新元素。以往，景點多是固有的人文景物或自然風光，如故宮或黃果樹瀑布，不是為了旅客而設；今天，奇觀式景點的推陳出新成了旅遊業新趨勢，不管這些新景點是否從天而降，是否跟當地文化全無關係。

研究城市空間的英國學者John Urry寫過一本《觀光客的凝視》[5]，他討論到城市景觀與文化如何因為遊客對奇觀的渴望被改變，與本地人漸行漸遠；旅遊城市會漸漸為了被旅客「凝視」而妝點自己、改變自己、發展自己。的確，在這個臉書時代，凝視再拍照再「呃like」（即「騙讚」）是旅行的不二法門。

於是，把城市的品味與景觀拱手讓給旅客是第一步，再來，整個地方的發展權都會交給旅遊業，例如把住宅區發展成景點，把市民休憩區發展成旅遊購物區等等。如是，本來有數百年中西交流歷史的澳門，其深厚文化就被一種速食的、講求視覺刺激的觀光業所威脅。面對這潮流，施政思維自是要調整，不能為了經濟收益不顧居民權益，而更深一層的問題是：我們如何反思廿一世紀這觀光業的洪流？貌似不帶來工業污染的觀光業，又是否真的如此潔白無瑕？

在這社交媒體年代，我們都在尋找一切可以被視覺化的東西，遊客尤甚。但我們很少深思，一張展示奇觀的照片（從一盤充滿異國風情的食物、一個穿著民族服裝的人，到一座美得或醜得足以成為景觀的建築物）的代價是不小的：那可以是一整片城市空間的觀光化（例如香港維多利亞港的「幻彩詠香江」燈光音樂秀），可以是一個部落的

5 John Urry著，葉浩譯，《觀光客的凝視》，台北：書林，2007

「動物園化」(例如泰國部落的那些戴一大串頸圈的長頸女子已毫無尊嚴，彷彿變成動物園的動物，其頸飾亦可能跟其傳統再也沒有關係)，甚至可以是對本土文化的粗暴摧毀(例如傳統部落中的祭祀儀式變成庸俗的觀光表演，本應是嚴肅神聖的氣氛換成遊客的瘋狂拍照與無禮喧鬧)。

## 旅遊業不光彩的一面

同樣作為賭城，澳門比拉斯維加斯脆弱得多。拉城座落沙漠上，空間廣闊，有可開發的土地。因此，走出那條賭場大道，還是有寧靜社區，但彈丸之地澳門卻往往要用原有空間來取悅遊客，有時更因為經濟發展而犧牲文化遺產，使舊建築被拆，文化景觀被破壞。美國作者伊莉莎白・貝克在《旅行的異義》[6]一書指出旅遊業已是僅次於石油和金融的世界第三大產業，全球有百分之十二人口從事相關工作。此書揭開了旅遊業不為人知的黑暗一面，包括大型遊輪排出大量污水，南亞勞工在杜拜幾成奴隸，柬埔寨吳哥窟附近的酒店抽地下水造成地層下陷等。書中最令澳門人心有戚戚然的是：威尼斯老城區人口只有六萬，卻要每年迎來兩千多萬的遊客——這種情況，不就是跟澳門如出一轍？

現在，澳門人最擔心生活區被用來當作旅遊業的搖錢樹，到最後區區見遊客，處處是莎莎。吊詭的是，以往我們相信最理想的旅行方式是參與當地人的生活，而不是去一些刻意打造出來的景點。今天，大量遊客太嚇人了，我們反而希望遊客最好乖乖留在景點，不要滋擾尋常百姓的生活。

近年，發達地區開始反思旅遊業帶來的問題，包括某些區域如何被「迪士尼化」(Disneyfication)，為了所謂開拓觀光資源，把某些區域打造成跟社區文化脈絡脫勾的迪士尼式空間。再來，也有人質疑在今天全球化格局下的旅遊業，受益者多是跨國大企業，而非本土小企業[7]。曾被稱為百利而無一害的「無煙工業」旅遊業，已令學者反思，令市民質疑。

然而，旅遊業在全球經濟頹勢中逆流而上，再加上它不需要什麼根基，不像發展高科技產業或打造一個金融中心絕非一朝一夕之事；旅遊業需要的只是一些觀光資源，例如海灘或古蹟，而就算先天不足，也可以花錢建outlet、大佛、大型賭場、主題樂園，總有辦法吸引慾望無限的旅客，政府與商人又怎會輕言放手？

6 伊莉莎白・貝克著，吳緯疆譯，《旅行的異義：一趟揭開旅遊暗黑真相的環球之旅》，台北：八旗，2014

7 Nowicka, P. (2007) *The No-Nonsense Guide to Tourism*, Oxford: New Internationalist

作為一個愛好旅行的澳門人，我眼見旅遊業的種種畸形發展，心情複雜。當旅遊業越做越大，當旅行成為越來越多人生活中不可或缺的事，旅遊城市與觀光勝地有沒有可能力保不失，旅遊業能否健康發展？情況絕不樂觀。

## 第四節　多元化的拾荒者：階級問題

要一個城市富起來並不太難，但要市民達至均富卻相當不易。當澳門越來越富裕，我卻發現我家附近有越來越多的拾荒者。如此富裕、如此金碧輝煌的澳門，怎麼會有越來越多撿破爛的人？

我住在舊區，附近仍有不少開放式大型垃圾桶。有這種垃圾桶就有拾荒者，最近幾年，我一直觀察他們，發現澳門的拾荒者越來越「多元化」。以往，拾荒者通常是老婆婆，但近年，不少男性加入拾荒行列。另外，拾荒者也不再只是老人，而常有中壯年人。更值得關注的是外籍拾荒者越來越多，以東南亞裔為主。

今天的拾荒者在性別、年齡、種族三方面都變得多元化，而這種多元化絕非好現象，這代表貧窮正在擴散中。更甚者，有好幾次，我見到一個貌似東南亞裔的家庭，晚上一家大小出動撿垃圾。在澳門生活了幾十年，我從來未見過這樣的畫面。澳門在過去十多年致富，市民收入普遍提高，但同一時間，竟有背景各異的人壯大了拾荒者行列。

澳門的堅尼係數[8]其實不算很高，前幾年曾升至〇・四的警戒線，近年回落至〇・四以下。單看數字，澳門的貧富懸殊未算特別嚴重，而失業率亦長期在百分之二左右。然而，這些都只是沒有血汗、不帶情感的數字。數字背後埋藏了多少故事？潛藏了多少問題？

## 遊行路線的爭議

這個問題，也許可以從城市空間的微妙「階級化」談起。曾經連續好幾年，勞工團體都在五一勞動節舉行遊行，以澳門來說規模頗大，往往有數千人參與，二〇〇七年的那一次尤其震動社會。當時，澳門已因賭業市場開放而激起不少社會問題，外勞湧入、黑工橫行，本地勞工非常不滿。澳門的失業率雖低，但本地勞工面對外勞競爭，薪水難以調升，而猖獗的黑工更影響工地工人飯碗，怨氣積聚已久。

當勞工抱怨未能分享經濟成果，卻傳來高官貪污與政府濫用公帑的新聞。被稱為「世紀巨貪」的歐文龍貪污案震驚兩岸。在二〇〇六年底，負責大型公共工程的運輸工務司司長歐文龍因受賄、濫權及洗黑錢而被捕，案件審理多年之後，他被判刑廿九年，貪污金額超過八億。在此之前，澳門舉辦東亞運嚴重超支亦為人詬病，整個運動會花費四十多億，大幅超支五成。當整體經濟火紅、高官貪贓枉法、大型活動超支，但草根階層生活卻未見改善，怒氣的爆發點就是在二〇〇七的五一遊行。

二〇〇七年的遊行發生警民衝突，起因是路線未有共識：團體想行經新馬路，但政府反對，原因是那裡是市中心，而且有大量遊客。比較一下警方與遊行隊伍提出的兩條路線：前者提供的是從祐漢公園出發，經提督馬路、美副將大馬路、士多紐拜斯大馬路、水坑尾，再到政府總部；後者提出的則是從祐漢公園出發，經提督馬路、河邊新街、新馬路、議事亭前地，再到政府總部。細看遊行隊伍提出的路線，當可發現那是一條饒富象徵意義的「階級之路」——從低下階層的北區出發，路經較為草根的老舊社區（提督馬路及河邊新街），然後從新馬路直達市中心議事亭前地。

作為遊行路線的爭拗點，新馬路與議事亭前地是意義重大的。議事亭是澳門從古到今的權力中心代表，無論是數百年前的中葡官員聚首之地，到殖民時代的政府機關集中地，到今天的旅遊區中心，它代表的從來是澳門的政治經濟權力。而新馬路的空間隱喻亦非常微妙，它上接殷王子馬路，盡頭就是金光閃閃的新舊葡京——那是一股賭場的勢力，接著有大西洋銀行、偌大的郵政局及民政總署——那是殖民歲月留下的

8 Gini coefficient，又譯為基尼係數，是判斷收入分配公平程度的指標。係數最大值為「1」，最小為「0」，係數越大，表示所得分配不均等的程度愈高。

重要標誌，但一過了議事亭，新馬路漸漸黯淡，一直到另一邊的盡頭十六浦，已是破落骯髒的舊城區，甚至是罪惡的黑點。

這條並不算很長的新馬路，摻雜了澳門的不同階層：賭場富豪、政府人員、跨國企業、本地小企業、老百姓、流鶯。隨著澳門的貧富懸殊日益嚴重，那一頭的新葡京跟另一頭的舊國際酒店的經濟差距與心理距離亦越來越遠。團體想走的路線從最底層的北區，走過草根的舊城區，再直接進入饒富階級意味的新馬路，並在權力的中心議事亭示威陳情。

運用這種空間分析法，警方提供的路線便完全代表了另一種社會階層。從美副將開始，到士多紐拜斯及水坑尾等，都是中產階級及小康之家的區域。在那裡，不見民間疾苦，不見蕭條景象，無論是寧靜的士多紐拜斯或熱鬧的水坑尾，這一片城市空間並不是屬於草根與社會弱勢的。因為路線爭拗，遊行隊伍不顧警方安排，堅持往新馬路方向進發，結果發生衝突，警員向天開槍示警，有路人誤中流彈受傷，事件震動整個澳門。

事後回顧，遊行隊伍在路線上的堅持其實並非必要，社會對此也意見分歧。然而，整場遊行卻有一個可堪玩味的象徵意義·遊行人士最終沒有走到市中心區，他們在提督馬路就被警方阻止，而那裡正是一個比較草根的空間。澳門人對沙梨頭的破舊可能習以為常，但是，且看香港人如何看這一區：「五一衝突的沙梨頭就像五、六十年前西環海旁，與內河對面珠海的高樓相比令人心酸。這種破落現已成為病毒，蔓延到所有非遊客點。」香港《信報》的時事評論員崔少明這樣說[9]。

由於沙梨頭區位處低窪地帶，每逢暴雨例必淹水，像天鴿風災帶來暴雨，這一區淹水高達一公尺多。再配以殘舊的房子，看起來就像貧窮國家。像沙梨頭這樣的破落舊區，澳門也有不少。今天，當某些新區越來越華麗、越來越高尚，舊區卻是日久失修，相形之下顯得特別破落。

## 這破落是蔓延的病毒

這種城市景觀的落差，說明的其實就是澳門城市空間的「階級化」。如崔少明所說，當這種破落成為蔓延的病毒，也就代表貧窮階層的擴大，進而成為一個社會的潛藏危機。至於他所說的「蔓延到所有非遊客點」亦點出一大問題：在單一的經濟結構下，澳門的城市空間只要不跟旅遊業扯上關係，是否就會落得破落蕭條的下場？

9 崔少明，〈一槍驚醒繁華夢〉，《信報》，2007年5月7日澳門城市空間的階級化，並非近年才發生：「祐漢」代表什麼階層，「南灣」代表什麼階層，「西灣」代表什麼階層，「氹仔新區」代表什麼階層？這種微妙的區隔早在數十年前已逐漸成形，不過，隨著經濟的高速發展，這種區域的階級化也在加速加劇。舊區的嚴重老化是一個問題，例如十月初五街在七十年代頗為興旺，有中國國貨公司、冠男酒樓等，它不高尚但有地方特色，不少市民會特地到該區活動。今天的十月初五街已是今非昔比，蕭條得令人嘆息，政府近年在此辦康公夜市也未能扭轉劣勢。

反觀新口岸區與皇朝區被賭場進駐後，消費日高，而市中心議事亭前地一帶被不少外資商店壟斷，一片繁華景象。至於路氹城（即路環氹仔之間）的眾多六星級大型賭場酒店，更是格調高、外觀華麗，其消費已非普羅大眾可以負擔得起，這些區域與老百姓的距離越來越大。特別是路氹城，由於公共交通不便，但卻容易停車，因此只有開車的階級經常前往。像我自己，就很少到那一區活動。

這已經是一個趨勢：城市區域貧者越貧、富者越富，而在消費主義的催眠下，無論是否消費得起，很多人都喜歡到較高尚的區域活動，以買來一種階級的滿足感，縱使那種「自我感覺良好」只存在於一頓飯的時間，而在結帳之後，我們其實比以前更加貧窮。

全球化加劇貧富懸殊，而澳門在外資進駐後，正在經歷一次極為迅速的全球化過程。澳門不像香港，早在三、四十年前已是外資的天堂，其消費主義與全球化格局成形得很早，但賭業市場開放前的澳門仍然可說是一個低度全球化的城市，澳門的全球化發生在短短的數年之間，而且越演越烈。而全球化除了表現在貿易戰、文化戰之外，還表現在「空間戰」方面。只要簡單數一數這幾年市中心的店面被什麼商號進駐，看看天空被什麼高樓佔據，留意一下年輕人喜歡到哪裡消費，就會很清楚何謂全球化的「空間戰」。

然而，這是否一條死胡同？城市空間必定被消費主義與大型外資征服？舊區只有沒落一途？舊區當然不能跟新式商業區比亮麗比時尚，但老舊的城市空間若運用得宜，仍然會有其生命力：台灣的夜市，就是非常有活力的草根空間；東京早稻田大學附近的舊書店街，雅致而有風味；新加坡的牛車水已有百多年歷史，但至今仍然興旺熱鬧。

如果成功發揮一個舊區的長處，發展適合該區的社區經濟，它仍然會是一個城市的趣味所在，而不是一定步向沒落，這更是解決貧富懸殊的契機。這種城市空間的重新定義與塑造，關乎的除了是居住條件、營商環境以外，還有助於縮小城市空間的貧富懸殊。

## 澳門人的「階級盲」

事隔三年，類似的遊行衝突在二〇一〇年再次發生。雖然沒有開槍，但衝突程度有過之而無不及，防暴警察向遊行者噴射胡椒噴霧，更出動水炮。社會問題未有紓緩，勞工階層的困難多年未解，一個在澳門很少被談論的問題仍不被觸碰，也就是：今天的澳門是否為一個階級社會？近年來，社會也常常談貧富懸殊與弱勢社群，但卻似乎很少直面日益鮮明的階級問題。

我們這一代人，常常是對階級問題視而不見的。生於七十年代、成長於四小龍年代的我，被灌輸的是「只要肯努力就會成功」的資本主義迷思——一種不必問歷史情境，不必分析社經結構，只要有「遇到困難不要抱怨，愛拼就會贏」的天真信念。港澳人都少講階級，這兩個字馬上令人聯想的是中國大陸當年的「階級鬥爭」，是另一個世界的事。於是，我們就似乎認為「澳門是沒有階級問題的」，也許澳門人是某程度的「階級盲」。

當社會討論低收入家庭、勞工就業困難、外勞問題時，很少反思社會階級與資本主義的剝奪性。的確，階級問題以往相對不嚴重。過去的澳門物價不高，食衣住行全都可以豐歛由人，窮人的生活相對不悲慘，起碼比起香港好多了。而且，澳門以前民風純樸，很多中產階級（甚至是富人）身上都是佐丹奴便裝，進出的也是茶餐廳。十多年前的澳門房價便宜，也沒太多特級消費場所，因此，一個勞工或服務業階層，當年如果可以每月賺四、五千元澳門幣，生活也並不困窘。

但過去十多年，澳門的階級分野卻越來越明顯。一個月薪一萬五的人今天已經消費不起大酒店的高級餐廳，那裡個人消費是五、六百元起跳；另一邊廂，一個勞工階層就連去茶餐廳都會因為一個六十元的套餐而「三思而後吃」。與此同時，社會也慢慢出現一種階級排場：賭業讓一部分人的收入大幅提高，有了炫耀式奢侈消費的風氣，數千元一個包包，過萬元一只手錶，已不是罕見的事，甚至有大學生上課都拿名牌包。今天的澳門今非昔比：有人閒時逛名店，有人擠進大陸的拱北口岸買菜，並因人民幣高漲而發愁。

這裡，有一大一小的兩個癥結：小的癥結是立法保障，政府要削減外勞、禁絕黑工，制定合理的最低工資，並加強社會保障系統。在六十多萬的人口中，現在有超過十八萬外勞，數字隨著落成的大型賭場酒店而增加，政府卻一直沒有宏觀的外勞政策，外勞數字從不設限。如是，底層市民便要跟薪資低得多的外勞競爭。

在薪資保障方面，雖然澳門的物價比台灣高，但基本工資只有每小時三十元澳門幣，比台灣的一百四十元台幣還低。而且，澳門的基本工資只是保障在物業管理範疇的清潔及保安人員，沒有涵蓋所有行業。至於更弱勢的一群則是外勞。以家傭為例，他們的法定最低月薪二十多年沒有調整，每月只有兩千五，遠遠落後於香港及台灣的四千多港元。還幸近年澳門對外傭需要量大，月薪水漲船高，現時才有三千五至四千元。

至於階級問題的大癥結，就是當下的全球化資本主義根本就是一個容易製造貧富懸殊的制度。以英國為例，曾有媒體引述一個研究報告指出，今天一個英國貧民可以成功脫貧的機率，比起七十年代還要低。全球化經濟造就了大企業的不斷壯大與中小企業的生存困難，財富越來越集中在少數人手上，以前可以做點小生意脫貧的人，今天必須投入為大企業服務，成為經濟形勢被動的一群。

這個大癥結，基本上是資本主義走到今天的趨勢，澳門無力改變。澳門可以做的，一方面是完善社會福利安全網，扶助本土小企業發展。另一方面，勞工問題的「主流化政策」(Mainstreaming)也很重要，即是無論是政策制定、傳媒報導、社會資源利用，從修一條馬路、建一個街市、制定一個法律，都必定要把階級問題考慮在內，建立一個真正公平的社會，而不是一個表面強調平等、實則長期對弱勢進行剝奪的社會。

澳門很多問題其實是世界性的，例如通貨膨脹。澳門人在經濟持續增長下面對通脹，不少國家卻在經濟衰退下抵抗通貨膨脹。這樣說，並非要強調澳門已經不錯。而是，拆解澳門問題必須連繫世界大勢：例如，我們知道賭業獨大不好，卻很少梳理全球化對澳門的種種衝擊，很少探究西方國家的資本主義危機對澳門未來發展的啟示，很少討論在世界各地成為經濟強心針的旅遊業為澳門帶來的各方面影響，包括城市景觀、社會風氣及勞工階層的困境等。

台灣導演楊德昌曾在電影《獨立時代》引用《論語》去質問富起來之後的台灣——「既庶矣，又何加焉？曰：富之。曰：既富矣，又何加焉？」富起來之後，澳門又何去何從？這個問題，今天沉積在多少澳門人心裡：如此富裕的澳門，是一個更為宜居之地嗎？是一個更有文化素養與社會公義的城市嗎？哪一天，全城對於施政報告的期望，再不是派錢的金額或公屋的進度，而是發展公民社會、文化藝術，又或是改善社會弱勢處境的制度？

## 第五節　城市願景：異質與流動

過去十多年來，種種巨變令澳門人受不了，不少人因此眷戀以往那個猶如小漁村的平靜澳門[10]。這說明一些澳門人還沒有從漁村思維走出來，以一種拒絕變化、拒絕發展的態度去哀悼舊澳門。其實，澳門已經不可能、也不應自外於世界潮流，澳門走上現代城市的路也不可逆轉，問題是：如何變成一個美好城市？

當然，我們不應迷信城市，城市發展的確會衍生諸多問題，但城市的好些特質仍是值得追求。異質性與多元化是量度城市的一把尺，學者沃斯（Wirth）早在三十年代就指出一個城市的標準不是人口多寡或硬體設施，而是由不同的異質個體組成的生活方式，這「異質個體」指的就是背景各異的人口[11]。

費舍（Fisher）也認為城市化會帶來多元人口及不同的次文化[12]。當這些次文化越來越強，就會產生非規範行為——例如藝術創新與政治異見，使得傳統主流文化不再穩如泰山。雖然澳門向來有百分之三左右的葡人以及不少大陸新移民，但是，十多年前澳門人口的同質性仍是相對的高，而人口構成也是靜止的而非流動的。澳門雖有文化底蘊，但一向並不擅於容納各種聲音與生活方式。簡言之，這並非一個開明開放的地方。

## 澳門告別凝滯狀態

澳門巨變帶來陣痛，但無論如何，澳門告別了以往的凝滯狀態，引來了人口、資金與文化的流動，這有可能帶來越來越多、越來越強的次文化，甚至能動搖過時的價值觀與主流的保守力量——這就是多元。這些年來，澳門有各地遊客，有來自大陸與東南亞的外勞，有來自香港的藝術家與專業人士，也有來自澳洲美國等地的管理層，這日趨多元的人口結構會帶來不同的次文化力量，很可能為建立一個多元開放的澳門添磚加瓦。

過去幾年，我看到身邊朋友發生不少有趣事：有年輕人在街上跟菲律賓人聊起來，交了新朋友之餘，也得到練習英文的機會；有畢業生進入外資賭場工作，才兩年就被派去拉斯維加斯受訓三次，她深知這樣的機會是以往的澳門沒有的；有朋友加入

10 有關近年澳門人的懷舊情緒，本書第三章會有討論。
11 蔡禾、張應祥著：《城市社會學：理論與視野》，廣州：中山大學，2003
12 同上

了新近在澳門設立辦公室的國際性非政府組織，推動慈善與社會公義的議題。因為賭業發展，以往一些出路很窄的專業有了較大的生存空間：有人負責賭場的影音廣告設計，有人晉升至市場部的主管，有人在賭場做資訊科技專才。以往，大多數澳門人的人生目標是做公務員，但不少人已找到了另一片天地。

當前澳門的種種問題不能忽視，但如果我們還是用鄉村的觀念去批評今天的澳門，一味緬懷過去，卻是不合時宜，如果因此全盤反對任何發展，更是因噎廢食。如何換一種思維方式，把澳門看成一個複雜的城市，而用城市的角度去思考批評，是這一代人重要的思考功課。畢竟，澳門人始終要做城市人的。

大概在八九年前開始，我就觀察到澳門人口漸趨多元與流動。在南灣區的工地，我頭一次看到洋人工程師巡視；在文化中心看表演，我聽到後面的觀眾一口法文，而不是我們聽慣的葡文；在鬧市的公車站，兩個一身輕鬆便裝的日本人向我問路，他們不是去賭場，而是去黑沙海灘；晚上的議事亭前地聚集了東南亞移工，我有朋友認為是他們讓那裡成為了一個真正的廣場，它終於被庶民充分地利用，而不再總是被官方活動佔據。

在外來人滲入這個城市的同時，澳門人的流動也比以前頻繁許多：就算是工作穩定的公務員，很多人已不再做到老，因為工作選擇比以前多。因為高薪職位增加，社會階級流動的機會大為提高。另外，還有跨國流動的頻繁。我身邊的朋友，有人在新加坡念完大學再到英國念碩士，畢業後，她申請往上海的一間學校教書；另一個朋友，每一兩年就飛往美國接受培訓。另外，有去新加坡工作的，去捷克讀書的，去台灣辦畫展的，去英國領獎的，去中東開會的，去義大利參加雙年展的。當往來港澳的航班越來越頻密，當澳門機場可以抵達的城市越來越多，進與出的流動景象就是澳門慢慢成為一個貨真價實的城市的指標。

當今在任何時候，地球上都有超過十億的人口穿梭在不同國家之間[13]。這個世代，或可稱為「流動的世代」。這種流動帶來的是人口的多元、文化的異質、認同感的不拘一格，甚至是生活方式與思想行為的多元開放。

多元與流動的可愛之處，是它令一個城市的可能性增多。澳門人相對保守，以前的澳門沉悶而停滯，容不下文化想像。但今天不同了，那麼多陌生的群體與文化，那麼多迴異的生活方式，澳門已經開始是一個容得下故事的地方了。在澳門生活，我們比以往更容易交到一個異國朋友，遇到一間經營理念獨特的店，參與一個內容另類的活動。參照多了，選擇多了，人們的思考與行為模式會變得多元。相反，在一個人口

13 Lewis, J. (2002), *Cultural Studies: the Basics*, London: Sage, p. 337

同質性高、缺乏流動性的地方，生活方式的選擇就很有限，會容不下異己，接受不了不同聲音。

## 「世界主義」遙遠嗎？

當一個城市的文化異質到達某個程度，就蘊釀出「世界主義」（cosmopolitanism），擁抱不同文化。慢慢的，我們會對不同口音的中文英文習以為常，會接受不同人對生活的不同選擇、對人生與社會的不同看法。就像在倫敦，你不難遇到這樣的一個人：他在菲律賓出生，在美國求學，在英國工作，他最喜歡泰國菜，他娶了一個德國老婆，他坐地鐵時讀的是村上春樹，他也知道孔子是誰。

當然，走向世界主義的過程中，有些棘手問題是尚待解決的：首先，如何調控就業機會的平均？在美國南部，就有美國人因為覺得被墨西哥新移民人搶去工作而產生仇視。在澳門，若這問題不被正視，多元人口結構隨時會變成不同族群之間的衝突。相關政策及相應資源亦應該投入，來幫助不同族裔融入社會，而不是採取放牛吃草的態度。再者，學校要從小培養新一代尊重異文化與不同種族，傳媒也要持平地呈現少數族裔，避免製造負面的刻板印象。以上種種，都是任重道遠的社會工程。

過去十多年，賭業發展在經濟上、社會上、文化上都帶來巨大衝擊，這一場巨變翻天覆地改變澳門的面貌。一方面，這小城有一堆問題要解決，令人懊惱，但另一方面，我們仍可保有願景，乘著這個變局提供的可能性，嘗試建構一個多元開放的城市。

# 第三章——遲來了數百年的初戀：澳門身份

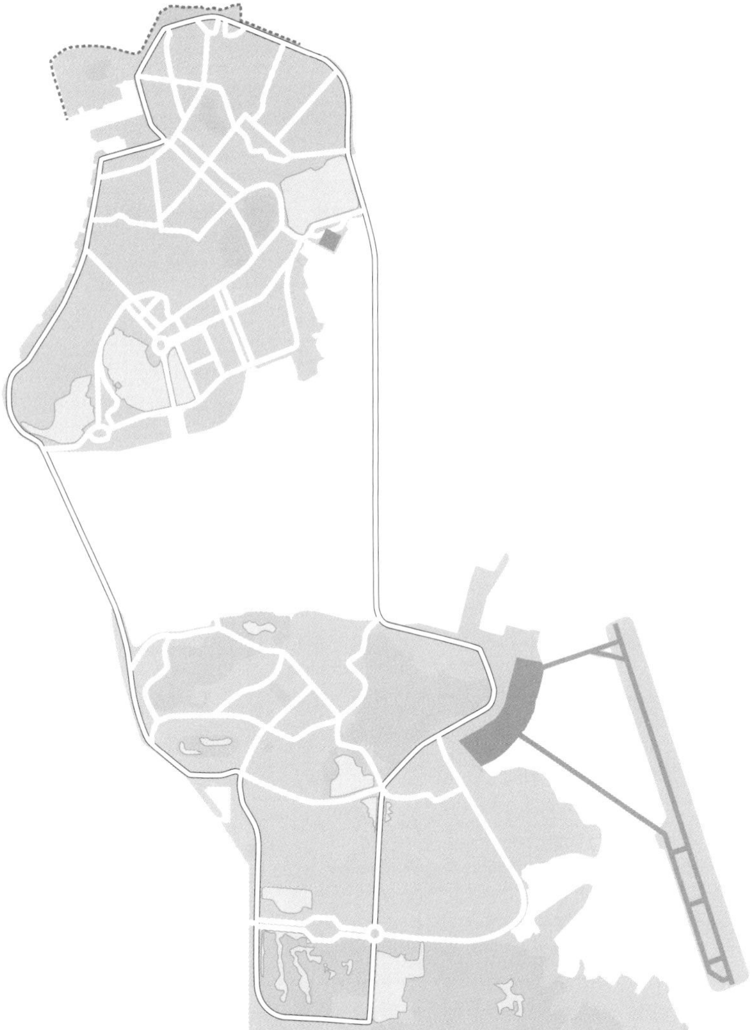

一個人跟一個城市要經歷多少歲月，才講得出一句「我愛你」？在澳門，這竟然需要數百年時間。因為種種原因，澳門人的身份認同從來非常模糊，但過去十多年經歷社會巨變之後，澳門人也終於喊出「我是我」，並對這城市說出「我愛你」，一種本土身份終於被確認。以往澳門人身份的相對空白提供了某種包容度與可能性，後來這澳門身份建立在懷舊情緒與保育意識之上，同時也滲入了排外態度。本土身份其實是把雙刃劍，澳門是很好的案例。

## 第一節　沒有澳門身份的澳門人

如果身份認同就是去回答「我是誰」，然後大聲講出「我是我」，那麼，澳門人大概是等了數百年才講出這句話。

我在本書第一章提到，九十年代留學海外的澳門學生，有時會在外國人面前自稱香港人，這不只因為港澳地域接近，而是牽涉微妙的身份認同。一個住在英國劍橋的人不會因為鄰近倫敦而自稱倫敦人，一個住在新竹的人也不會因為鄰近台北而自稱台北人，他們寧願多費一點唇舌向外人說明自己來自哪裡。但是，為什麼澳門人會自稱香港人？這牽涉到澳門人如何看自己。

當年澳門人沒有鮮明的身份認同，也自覺外國人不會認識澳門，有時就貪圖方便依附在香港人身上，背後則是某種微妙的認同[1]。當年不少澳門人在外國並不會自稱中國人，這倒不是說澳門人抗拒中國身份，事實上，尤其比對香港，澳門人普遍對中國身份並不反感。但是，澳門人看到自己跟大陸人的鮮明差異，年輕一代也就在外地

1 關於澳門人對香港的微妙認同，以及香港元素在澳門文化中的重要性，請參閱本書第一章。

較少直接自稱中國人。

## 香港本土身份的出現

討論「我愛澳門」這宣言之前，香港人建立「我愛香港」的論述過程值得借鏡。同樣是前殖民地，港澳的情況形成鮮明對比。不少研究顯示，在七十年代以前，香港人並不以香港為家，他們大多抱著寄居心情。這種心情巧妙地表現在粵語片中：影評人林超榮曾提到，六十年代著名的粵語片演員伊秋水在電影中最常講的對白是：「有咩大不了，最多咪返鄉下（有什麼大不了，還是可以回家鄉）！」[2]作為移民城市，香港只是一個暫居之所。

在七十年代，香港人開始建立一套本土論述與香港身份，這種論述來自政府、民間與外人目光。其時，經過了反殖民政府的「六七暴動」[3]，港督麥理浩（Murray MacLehose）在一九七一年上任，港英政府開始推行一系列利民政策，包括免費教育、公共房屋、打擊貪污等，那是為香港的現代化奠基的「麥理浩時代」。與此同時，政府積極建立香港人的本土身份，例如舉辦大型活動「香港節」，公營的香港電台製作《獅子山下》及《屋簷下》等節目，凝聚當時市民對香港的認同與情感。到了七十年代，對比著中國大陸的文革亂象，越來越多人視香港為家，歸屬感大大增強[4]。

來自民間的，則有當時新興的廣東話文化，強勢的香港傳媒讓方言取代了國語，突顯香港獨特性。在六十年代，香港人看很多國語電影，主要聽台灣的國語歌，當時沒有所謂的「香港人」，而是以「廣東人」、「福建人」、「北方人」等來稱呼。一九六七年，剛好就是「六七暴動」發生那年，ＴＶＢ無線電視台啟播，這個純廣東話發音的電視台漸漸站穩住腳，後來成了推動本土文化的重要力量，例如一星期五晚播放的綜藝節目《歡樂今宵》既有娛樂又有社會諷刺，對於「香港」與「香港人」這共同體的建構起了重要作用。

從七十年代開始，香港電影的本土性亦漸強，許冠文的喜劇《鬼馬雙星》及《半斤八兩》等都緊貼社會動態；同時，廣東歌也開始大行其道，慢慢取代國語歌的地位，許冠傑的歌既是中英夾雜，又用輕鬆方式講社會現象，風行一時，為香港流行音樂奠

---

2 林超榮，〈港式喜劇的八十年代——從許冠文到中產喜劇的大盛〉，載於家明編《溜走的激情：八十年代香港電影》，香港：香港電影評論學會，2009，頁154至174

3 請參閱本書第一章。

4 呂大樂，〈香港故事：「香港意識」的發展歷史〉，載於高承恕、陳介玄編，《香港：文明的延續與斷裂？》，台北：聯經，1997，頁1至17

基。從電視、電影到流行音樂，廣東話流行文化提供一種過往從未出現的身份想像，推動了新興的香港意識與本土身份[5]。

政治的穩定、經濟的發展與本土流行文化的風行，建立了自足而豐富的一套香港論述，創造了香港人的城市身份。同時，香港在世界經濟體系中日益重要，在國際社會已是響亮的名字。香港人到了外國，一句"I am from Hong Kong"就行，不必借助中國來自我介紹。無論對內對外，香港的形象都非常鮮明。

到了八九年代的移民潮，當人們憂慮九七後的香港前景之際，香港論述繼續被強化：「香港幾好都有，我邊捨得走（香港多好的東西都有，我怎麼捨得離開）！」一個洋酒廣告[6]把一種「我愛香港」的自傲說得傳神。當時，不少香港人移民之後也總是說：「唉，加拿大（或澳紐）好悶，邊有香港咁好，乜都有（哪有香港那麼好，什麼都有）！」

那時，香港已是亞洲的國際都會，而張國榮、梅艷芳、成龍及周潤發等巨星揚威海外，香港人的認同有所依據，香港人的驕傲合情合理。過去四十年，香港人愛香港，從來可以宣之於口。這不是一句話而已，它是一種社會力量：支持文化保育，因為愛香港！為環保反填海，因為愛香港！爭取民主制度，因為愛香港！一種論述的出現，從不是紙上談兵，而可以化成行動、社會力量。

然而，澳門卻幾乎從沒有出現類似的一套本土論述，我們從不知道應該怎樣看自己、講述自己。我們對自己的認識，有時甚至要假手於香港傳媒[7]。對比香港，不難發現以前的澳門人與「我愛澳門」的距離。回歸之後，官方宣傳的「愛國愛澳」又始終缺乏來自民間的情感力量。

## 澳門身份出現的契機

澳門人為什麼沒有鮮明的本土身份？在政治上，葡萄牙跟英國的國力相差太遠，澳葡政府亦不曾像港英政府一樣勵精圖治，相反，回歸前澳門人普遍對政府管治多有怨言；再加上葡文的隔閡，澳門人就連政府公告都看不懂。當香港人的身份跟當時港英政府的善治有關，澳門人卻始終難以借殖民政府建立認同感。在文化上，長期積弱的澳門媒體沒有挖掘本土問題、推動本土文化，更枉論提供一個建構本土身份的平台；澳門亦缺乏流行文化工業，精緻藝術也大多走不出澳門。在經濟上，澳門的地位

5 朱耀偉，〈早期香港新浪潮電影：「表現不能表現的」〉，載於羅貴祥、文潔華編，《雜嘜時代：文化身份、性別、日常生活實踐與香港電影1970s》，香港：牛津大學出版社，2005，頁195至207

6 八十年代香港一個洋酒品牌「人頭馬」的電視廣告。

7 本書第四章會談到主流香港電影對澳門的呈現。

就更與香港不可同日而語；香港人以國際大都會的地位自豪，澳門人卻難以因為黃賭毒的生意而驕傲，尤其在過去，澳門連具規模的賭場酒店也沒有。

在教育方面，澳門學校用的多是香港或大陸的教科書，幾乎沒有本地元素。我自己讀中小學的過程中，從來沒有在歷史課學過澳門歷史，沒有在中文課讀過澳門文學，也沒有在公民課學過有關澳門的社會或政治知識。過去幾年，才有人倡議本土教育，開始編撰相關教材。

澳門的本土學術研究的起步亦晚，殖民政府並不著緊大專教育，第一所公立大學澳門大學在一九九一年才成立。長久以來，有關澳門的人文社科研究薄弱，例如直到二〇〇八年澳門大學才成立了全澳門第一個歷史系。本土研究的缺位使得後起的研究者忽視澳門論題；由於缺乏研究累積，很多人要寫論文時會認為本土論題不重要，最後選取香港、台灣或其他地方的題目去寫。再者，澳門沒有商業出版機制，就算有重要的本土學術或文學作品推出，也缺乏推廣宣傳，這些書難以進入讀者視線，台版書及港版書一直雄霸澳門圖書市場。種種原因，導致澳門沒有建構出一種澳門論述與本土身份。

終於，從九十年代末開始，情況有所變化。首先，一九九九年的回歸令澳門被外界關注，被外地媒體報導。雖然澳門回歸受注目的程度遠不及香港，但這個歷史契機仍然催生了一些本土話題，關於澳門的歷史、政治，以及回歸後的經濟前景等等，而《基本法》[8]中的「澳人治澳」亦是對本土身份的某種肯定。當時的討論或許欠缺深度，也帶著官方味道，甚至沒有深入民間，但仍為日後澳門身份的萌芽提供了土壤。

第二個契機是二〇〇五年登上聯合國世界文化遺產。澳門人一直跟文化遺產朝夕共對，但因為沒有本土歷史教育，很多老建築當年也不對外開放，我們與自己的文化遺產之間也就有一道鴻溝。二〇〇五年是很特別的時機。當時回歸已有五、六年，澳門人開始尋找本土文化與自我身份；同一年，由一間中學的師生編著的兩本書《澳門街道的故事》[9]及《澳門歷史建築的故事》[10]在坊間引起迴響，很多人驚覺原來澳門的小街巷及舊建築有那麼多故事。聯合國的加冕可說是及時不過：藉著被世界認可的世遺，澳門人終於有了一樣可以寄託本土認同的文化代表，這是賭場做不到的。

這一方面令澳門人突然有了本土歷史文化的覺醒，另一方面則給予澳門人另一雙看自己的眼睛。不少澳門人長期用香港的國際都會標準，覺得澳門太小又不夠現代。但是，世遺的光環提供了另一標準：我們沒有維多利亞港，沒有發達的地鐵系統，但

---

8 全稱為《中華人民共和國澳門特別行政區基本法》。
9 林發欽編，《澳門街道的故事》，澳門：澳門培道中學歷史學會，2005
10 林發欽編，《澳門歷史建築的故事》，澳門：澳門培道中學歷史學會，2005

這裡的歷史與建築竟是如此珍貴。原來，小與舊也是一個美好城市的標準，澳門有豐富世遺而香港沒有！這正是當年建立自我形象的澳門人所需要的。

經濟的火速發展亦微妙地成了建立本土身份的助力。剛剛提到，以往澳門人沒法從那簡陋的賭業得到自豪感，但自從有了大型外資賭場酒店，有了火紅的旅遊業，澳門在外地媒體頻頻曝光：一時間，太陽劇團進駐，國際巨星紛紛來開演唱會，世界性體育競賽在澳門舉行。不只兩岸華人對澳門的認知度大增，就連西方社會也從對澳門一無所知變得略有所聞。從此，澳門的形象從小賭場與三溫暖變成拉斯維加斯式的高端觀光勝地。

雖然，很多本地人對於澳門變成超級賭城是心情複雜的，一方面因社會問題湧現，另一方面這仍是廣東人稱為「偏門」的生意，但無論如何，澳門總算知名度大增。而且，甚至連以前不大看得起澳門的香港人都對澳門改觀，有人羨慕澳門經濟好，政府每年派錢；香港媒體對澳門的報導大幅增加，從娛樂設施、經濟發展到社會狀況都有。澳門人心深處雖然百感交集，但總算比較可以「抬起頭做人」。

## 終於搶麥克風的公民

另一方面，賭業迅速發展，社會問題湧現，越來越多人關注本地新聞。二〇〇六年底，高官歐文龍因涉巨額貪污案被捕，最後被判刑廿九年，貪污超過八億澳門幣，金額遠超陳水扁貪腐案。澳門人紛紛去想：澳門的變化令人憂心，社會的黑暗一面也令人震驚，我們可以為這小城做些什麼？這個關鍵的問題，就埋下了後來「我愛澳門」、「守護我城」的本土論述。

近十年，澳門人由「不問世事的閒適村民」，漸漸變成了「敢於批評敢於憤怒的公民」。以往不怎麼關心社會的戲劇界，突然屢屢在社會問題上發聲，有人用經典作品影射今天澳門，有人以舊區青洲的都市更新為題創作，有人抒發對於城市發展的疑惑[11]。平時多談閒情逸致的報紙副刊，突然多了針砭時弊的文章，談文化政策有之，談教育問題有之。在社會一向比較沉默的宗教組織，突然不時回應社會問題，團體「公民門徒」辦活動連結基督教信仰討論本地的土地利用、媒體風氣、環保問題，團體「明亮行動」則是要幫助病態賭徒。

11 有關澳門創作如何回應社會變化，本書第四章會有討論。

最具代表性的是二〇一四年的「反離補」運動。其時，政府提出一個讓離任官員得到豐厚補償金的法案，被批評是高官自肥，引起社會不滿，有超過一萬人上街，是澳門回歸以來最大規模的遊行，後來的「包圍立法會」示威也有七千人參與，最後迫使政府撤回法案。一個公民社會，在陣痛中慢慢成長。

以往的澳門人像個去KTV時永遠不唱歌的人，這種人被戲稱為「分母」，他們的功能只是負責分攤費用。然而，澳門人終於開始搶麥克風了。如果讓人發聲的麥克風是一種「我存在，別把我當隱形」的主體性宣言，隨著澳門人社會參與度的提高，主體意識已在不知不覺成長了。

早在逾十年前，這種主體意識已被關注，資深媒體人謝曉陽回顧澳門歷史，談到澳門人的主體性如何在殖民統治下被隱埋，後來又如何在強勢的香港傳媒中被淹沒。她指出澳門回歸之後的機遇：一方面，經濟的勢頭與世遺的招牌令澳門人有了自信，另一方面，社會上各種問題又逼使澳門人反思自己的城市：「就在自信心和反思力這兩種肥料的栽種下，澳門人原本那被埋沒壓抑的主體性，今天逐漸萌芽、成長，也許會成為重要的公民力量。」[12]這裡的兩個關鍵詞「主體性」及「公民力量」對澳門人來說曾經遙不可及，但今天竟跟澳門人配上了。

如謝曉陽所述，澳門人在殖民統治與本土傳媒的弱勢之下，主體性是被隱埋的，因此澳門人很少有宣告「我是我」的自信。我們以往既對政治社會事務沒有發言權，又被香港傳媒處處把澳門定型。我們不被殖民政府重視，不被兩岸華人重視，久而久之我們也不看重自己，默認自己人微言輕，而最終失語。沒有社會參與，沒有本土意識，主體性不彰——這就是澳門人以往的「無我」狀態。但以上種種背景，令「我愛澳門」的論述悄悄蘊釀，只等待水到渠成的時機。

12 謝曉陽，〈澳門主體性在萌芽滋長〉，《亞洲周刊》，2007年5月4日

## 第二節　為一座山高喊「我愛澳門」

台灣人常喊出「我愛台灣」，香港人也很容易把「我愛香港」宣之於口，但澳門人卻似乎對於「我愛澳門」這句話難於啟齒；我們會說澳門有人情味，澳門小而美，澳門人純樸，登上世遺之後甚至敢說澳門有文化，但我們以往就是沒有「我愛澳門」的論述。然而，在二〇一一年因為有發展商擬在氹仔小潭山上建高樓，破壞環境及景觀，引起官員、議員與民間齊聲反對，興起保育運動。在抗議聲中，從未在澳門流行的「我愛澳門」竟然一語風行。澳門人，終於要跟這個城市發生「初戀」了嗎？

當時，時任文化局局長吳衛鳴在小潭山工程的公聽會中慷慨陳詞，表達他對生態環境的擔憂，並情感充沛地道出：「你看看你們建的房子，真的好像屏風一樣，連空隙都沒有，兩個屏風把風景都擋住了！」他反對在山上建高樓，說：「我真的很愛澳門！對不起，我可能有點激動。」[13]此語一出，不但引起市民對小潭山的關注，經過傳媒報導及網上討論，「愛澳門」的宣言變得順口順耳：在民間在網上，「愛澳門的人請關心小潭山」，「我愛澳門因此不能沉默」、「致所有深愛澳門的人」等表述，不絕於耳；這種論述後來更凝聚了很多社會力量。

開埠數百年，到近年才有「我愛澳門」的論述，很晚，但也剛剛好。因為各種原因，我們對腳下這片土地真的不夠了解；穩固的愛，必須要透過了解才能建立。小潭山事件顯示了澳門雖小，但要了解這小城仍得花很多功夫；當時，很多人連山的確實位置都不知道，也有人以為它在澳門的另一離島路環。

## 山的生態與歷史

為了接近這小潭山，我當時參與一個活動，跟一位生態老師上山走了一趟。我除了因為自己數十年來不曾走過山上的步行徑而感到慚愧，也為本地的植物資源感到訝異：小小的山上，原來這植物可以醫便秘，那植物又可以治風濕，物種頗為豐富，玉葉金花、無根藤等植物，光聽名字就令人好奇，它們都各有特性。而且，十七世紀荷蘭人入侵澳門時，就曾跟葡國人在小潭山外的海面上屢次開戰[14]。

當我走在山徑上，一方面首次欣賞山上好風景，另一方面卻看到山周邊的建築對景觀及生態的影響。澳門的風景，其實早就被階級化了，山與海的資源多年前已被豪

13〈吳局長愛澳門，借民署反對山景私有化〉，《市民日報》，2011年5月20日
14〈在很久很久以前，小潭山與潭仔島〉，《新生代》第65期，2011年8月，頁4

宅所佔，分別只是新的工程更大，樓宇更高，而且就在山上動土。我隨即想起在其他國家的觀察：某年遊馬來西亞檳城，朋友帶我去海邊，但抵達之後，只見一個長長的觀光夜市，我一直以為前面就是海邊，但走呀走，始終沒有看到海。一問之下，才知道好些大酒店都是沿海而建，成了行人與海的一道阻隔，加上當時又是晚上，我們便在海邊度過了一個看不見海的夜晚。

然而，在歐洲卻是相反。我當年讀書的城市在英國南岸，是個以海灘聞名的小城布萊頓(Brighton)。某年夏天，我入住一間學生公寓的三樓，距離海邊約有十分鐘的步行距離，但從我房間的窗戶竟可看到海！為什麼從區區的三樓就可以看到數百公呎以外的海景？除了因為沿岸是低矮山丘，另一原因是海邊一帶沒有高樓，大多房屋都是兩三層高，因此很多人可以看到海景，而不需入住豪宅——那是一片沒有被階級化的風景，是市民所共有的。

遊小潭山，我重新看澳門風景，了解澳門生態。其實，澳門人一向不了解這城市，包括它的歷史、地理、文化：很多人不知道葡國人何時定居澳門，不知道「澳門」之名何來，不知道澳門屬於什麼地質帶，也不知道澳門的賭業歷史。澳門人都知道香港的獅子山及大嶼山，誰又了解澳門的第一高山——路環的疊石塘山？

過去十年，每當某些有價值的東西要消失，我們才匆匆忙忙稍加了解：藍屋仔面臨被改建，我們才稍稍了解這社工局大樓的歷史；望廈兵營要被拆卸，我們才稍稍認識黑鬼山一帶曾經的軍事作用；下環街均益炮竹廠要被剷平，我們才匆匆惡補曾經輝煌的炮竹業；桃花崗市集要被清拆，我們才匆匆整理澳門的市集發展軌跡。對小潭山也是一樣，我們對這座小山的價值從來不關心。

龍應台曾在演講中談到，她在德國讀書的兒子小時候讀的地理，並不是學全國最高的山、最長的河，而是他們所處小鎮中的小河小丘、小花小草。他學的，並不是遙不可及的偉大山河，而是自己生活身邊的小事小物。龍應台反思的是國民黨以往的教育方針，他們只著眼大陸，不關注台灣，因此只介紹大陸的名山大川，不教小孩認識台灣這小島。然而，認識世界，其實應該從認識伸手可及的事物開始：愛一條河，因為那是你朝令相對的；愛一座山，因為那是你留下過很多足跡的；愛一種花，因為它每年夏天在你家附近的公園盛放。

因此，小潭山保育運動的意義遠超過環保，更重要的是澳門人要挽回跟本土的關係。我們大概要像龍應台的兒子一樣，開始當幼兒園學生，從一朵花訴說的澳門生態，從一座山背後的澳門歷史，慢慢拾回我們跟本土的關係。因為，只有了解我們擁有什麼，才知道我們要往哪裡走，才可以更好地參與城市發展的討論。

## 赤身露體捍衛我城

我們對澳門的愛像初戀，情感有了，但了解與相處之道，卻要摸索。小潭山事件釋放了「我愛澳門」的宣言，也呼喚了本地藝術家用獨特方式關注社會：一群創作人參照大陸的知名行為藝術作品《為無名山增高一米》，拍了《為小潭山增高一米》；全裸在小潭山山頂上用疊羅漢方式為山體增高一米，既是宣揚人與自然應有的親密關係，也鼓勵市民關心自然環境受破壞。這個在澳門前無古人的作品，得到很多網友的支持嘉許，然而，也有衛道者抨擊其不雅，覺得此舉嘩眾取寵；照片更在臉書被檢舉，慘遭刪除。

《為小潭山增高一米》(一群匿名的藝術家創作)

這張攝影作品，為澳門創作人的社會參與寫下重要一頁，但也測試出部分人的狹隘：有人仍認為藝術只是裝飾公寓的工具，用的是「美感」及「高雅」等保守的藝術標準，扼殺了創作的可能性。有人到了廿一世紀仍把裸露與不雅直接劃上等號，彷彿我們不足以判斷什麼是色情而什麼不是。西洋美術史上恆河沙數的裸體，看來很多人並不知曉。

社會行動的方式也值得討論：什麼是嘩眾取寵？議員的發言，社會團體的施壓，公開論壇的進行，自然是公民發聲的重要途徑。在這之外，社會還有其他的發聲方式：有人選擇遊行，有人選擇用藝術回應社會，這種多元應被容納。在六十年代的社運風潮中，美國人用搖滾樂、塗鴉等創作推動了時代進步，這些歷史，有澳門人彷彿懵然無知。最癥結的問題是：愛澳門之同時，我們有沒有足夠的包容，容許不同人用不同方式去愛，而不必動輒對「非我族類」進行打壓？

我們用了很多年才把「我愛澳門」宣之於口。講出口之後，又發現我們其實不太懂得愛：愛，要了解；愛，要包容。這些都得慢慢學習，而不是有滿腔熱忱即可。多年前，我為一個青年劇本創作比賽擔任評審，看到不少作品用不同方式回應當下澳門。事後，我在評審意見中用了「一個牙牙學語作自我書寫的後殖民城市」去總結這些年輕人的創作。後來，香港《信報》做澳門文化專題，約我訪談，巧合地引用我這句話作標題[15]。的確，「牙牙學語」正是今天澳門的狀況，面對各種問題，面對本土身份，我們其實都在牙牙學語。這個學語過程需要愛，也需要包容。

## 第三節 懷舊與保育：身份建構的平台

人在什麼時候會懷舊？當一個人的感情不順，會很容易突然懷念舊情人；當一個大學生的生活不如意，也很可能突然懷念起中學時代。懷舊，從來不只是對以往的依戀，更重要的是它反映了對當下的不滿。一個滿意現狀的人，又哪來閒功夫懷舊？這種人之常情，大概可以解釋不少澳門人近年來的懷舊情緒——以前的澳門真好，如果可以回到過去就好了。這種情緒，微妙地連結澳門人的身份認同。

近十年，這種情緒彌漫在整個澳門：走過地產公司，有人會說：「現在的房價簡直脫離現實！真懷念以往可以用二、三十萬置產的日子。」看到金光閃閃的賭場，有人會說：「現在這些東西都只是為遊客而設，真懷念以往那個樸素的澳門。」走過市中心，有人會說：「現在的澳門太擁擠了，真懷念以往那個悠閒的澳門。」臉書上有個名為「老餅（指上了年紀的過時的人）話當年」的群組，很受歡迎；網友經常分享澳門的老照片，引來很多人按讚，留言者紛紛懷念昔日澳門。

15〈澳門，牙牙學語：瘋狂發展下的微弱抗辯〉，《信報》，2011年5月16日懷舊情緒不只反映在日常生活中，還反映在我們對文化遺產的重視；我們開始厭惡「拆舊的、建新的」的作風，我們開始有意識地保衛澳門的舊貌，下環街市的風味、燈塔的景觀、藍屋仔與塔石球場的回憶，我們都想保留。就算多年前傳出舊葡京酒店可能被清拆，都引起民間反感。踏入廿一世紀，澳門人毫不留戀地告別了殖民時代，開展了經濟與政治的新一頁，但我們竟然前所未有地懷舊，為什麼？

懷舊（Nostalgia）的希臘字源，是「回家」（notos）加上「痛苦」（algos），指的是一種回不了家的痛苦。在十七世紀的歐洲，最早的相關研究是從醫學的角度探討離家的瑞士僱傭兵的鄉愁，那是源於對新環境的不適應[16]。到了二十世紀，精神心理學開始關心懷舊情緒，研究發現，一些為鄉愁所苦的人一旦回到家鄉仍是失望，因為他們懷念的其實不是一個地方，而是一段時間，那是不可追回的。

由此，懷舊也從地域問題變成時間問題。學者開始意識到，懷舊建立在對現況的不滿情緒上，它常常扭曲了過去，把過去想像成簡單的、美好的、和諧的，以對比那複雜的、醜陋的、不和諧的現在。而懷舊的最終作用，就是把過去塑造成跟現在不一樣，然而貶抑後者。

從這個角度看，澳門人懷舊的原因就不言而喻——過去的澳門不一定真的很美好，但為了表達對現況的不滿，我們不遺餘力地回望過去。如果懷舊就是鄉愁，那麼澳門人的「原鄉」就是賭業市場開放前的澳門；而那個澳門，由於不斷被美化，其原貌已是模糊不清。很吊詭地，懷舊雖然是跟記憶有關，但它也是一種失憶症；為了突顯今天的糟，過去必然是美好的，因此我們必須得忘了過去的不好。

在懷舊情緒中，很多人把澳門以前的種種不好通通忘了；我們不必記得澳葡政府的不濟，不必記得當年幾乎沒有公民運動，不必記得本地創作曾經從不關心

16 Byom, S. (2002) *The Future of Nostalgia*, Plymbridge: BasicBooks

這個城市有高聳的賭場，也有葡國人留下的百年古蹟。（陳顯耀攝）

本土議題，不必記得澳門曾經沒有國際非政府組織分部，不必記得去一趟泰國都要經香港的麻煩，不必記得考台灣入學試都要去香港的大費周章，當然，也不必記得澳門曾經百業蕭條、失業率高，被整個世界潮流遺棄的可憐境況。甚至，我曾看到有年輕人在網上大聲疾呼：「麥當勞、肯德基、外國人，我通通不要！我要以前的澳門！」懷舊是某種葉公好龍，它只是用來想像的，而不是玩真的，一旦要這個年輕人回到過去，他可能會苦不堪言。

## 《胭脂扣》的香港式懷舊

香港曾經的懷舊風潮，也許可以讓我們更了解澳門人的懷舊。在八十年代中後期，香港一方面焦慮地面對九七，一方面急躁地發展經濟；對當時的香港來說，未來是不樂觀的，當下是急急忙忙的，唯有過去是最安全的。這時，由電影《胭脂扣》引起的一股有關塘西風月[17]的潮流，席捲電影業與出版界，這股懷舊潮呈現的是香港三十年代的旖旎風情，一個嫖客有情妓女有義的舊香港，一個已煙消雲散的美麗香港。《胭脂扣》對三十年代香港的描繪其實相當片面，其作用只是為了反映八十年代香港人的焦慮。

藉著懷舊，《胭脂扣》建構了獨特的「香港性」，那塘西風情是香港獨有的文化。電影抗拒八十年代急速的經濟發展，控訴商業發展如何消滅歷史痕跡，另一方面，電影也藉著一段香港特有的妓院歷史闡明了香港文化跟大陸的差異。一種香港本土身份及文化，寄託在醉生夢死的妓院愛情故事中。

香港的例子，跟澳門有不少不謀而合的地方。首先，對於習慣了緩慢生活步伐的澳門人而言，這十多年的發展實在叫人吃不消，再加上鄰近地區開始發展賭業，澳門的前景成疑，而幾年前澳門賭場生意亦曾大幅下滑，因此，過去成為了最溫暖的避風港。城市景觀的急劇變化，賭場酒店的無處不在，也使我們非常焦慮，我們要尋求可以依靠的穩定，不希望所有澳門的特色——從城市風貌到生活方式——會迅速消失，因此，一個被美化的過去就成了心靈救生圈，也是本土意識建立的載體。就像《胭脂扣》建構出一個旖旎塘西，澳門人也虛構出一個完美無暇寧靜安祥的澳門，用以抗拒全球化，抗拒全面面向大陸的趨勢，並捍衛本土特色。當然，它也是一個政治警號，它滲入了很多對政府管治的不滿。

數十年後的今天，香港人繼續懷舊，當中摻雜戀殖情緒。澳葡政府不像港英政

17 指香港開埠初期至1930年代的色情事業，眾多風月區中又以港島西區的石塘咀人氣最盛，故稱「塘西」。

府，沒有留下什麼令人稱許的德政，也沒有讓澳門人建立認同感。今天，當香港人懷念殖民時代，頌讚港英政府，但在澳門，懷舊言論則大多跳過了澳葡政府的管治。因此，澳門人的懷舊情緒並無戀殖的成份。澳門人選擇性地只談當年澳門的純樸閒適，避談澳葡政府的不濟。換句話說，當澳門人在懷舊中建立本土身份，殖民政府還是被排除在外的。

懷舊不只是情緒，更是複雜的政治問題。它一方面有積極意義：在過度急促的發展中，它提醒我們放慢腳步思考；在喜新厭舊的浪潮中，它提醒我們珍惜文化遺產與集體記憶；在全球化的衝擊下，它提醒我們本土特色與在地文化的可貴。然而，懷舊也有保守的一面：它有時全然否定發展的意義，令我們變得很排外；當年輕人拒絕麥當勞與外國人之餘，是否也拒絕國際非政府組織進駐，拒絕外語帶來的不同資訊來源，拒絕了多元人口與多元文化？停滯與排外，恰恰是民主政治與開明社會的絆腳石。

有時，我們很難想像在廿一世紀的今天，澳門還需要學者苦口婆心地告訴我們發展的重要性：澳門學者林玉鳳曾指出，現在澳門的問題不是「發展」本身的問題，而是政府對「發展」欠缺規劃的問題[18]。檢討發展是必要的，但決不可全盤否定發展，退回到不對世界開放、不跟世界交流的狀態——那就是很多人懷念的「美好澳門」。

懷舊情緒看起來是輕輕柔柔的「想當年」的感性，然而，它卻可以變成保守勢力；尤其在今天，彷彿越開明的人就越有資格大聲地懷舊。如今，中國踏入新時代，全球化已把世界帶到一個新境地，除了懷舊，澳門人還需要更多的前進力量，在各方面健康發展，以面對瞬息萬變的未來。

## 保育爭議拉開序幕

與懷舊息息相關的，是澳門過去十年一波又一波的文化保育運動。在懷舊情緒中喊出的保育呼聲，是澳門人建構本土身份的重要環節。

自從二〇〇五年登上世遺名錄，澳門人終於可以驕傲地說澳門是個文化之城，但是諷刺地，保育爭議也隨即拉開序幕。二〇〇六是關鍵的一年，藍屋仔與下環街市都面臨拆卸威脅，矛盾浮現，而更重要的燈塔景觀捍衛戰也在二〇〇七年爆發，有關文化遺產的爭論終於白熱化。

首先，建於五十年代的現代主義風格建築下環街市要被清拆，改建成八層高的社

18 林玉鳳，《澳門，一朝醒來在拉城》，澳門：澳門日報出版社，2013，頁74至77

區綜合大樓，有學者、建築師及文化界不認同，但民間反對聲音不大，街市亦很快拆卸。真正引起市民廣泛關注的是藍屋仔。這座樓高兩層的藍色葡式建築是社會工作局辦公室，小巧雅致，位處古蹟處處的望德堂區。二〇〇六年六月，社工局宣佈清拆藍屋仔，要把它改建為十多層高的大樓，引起強烈不滿，市民紛紛打電話到電台節目表示反對。政府隨後委託機構進行調查，結果無論是民間及專家都建議保留，改建計畫最終被擱置，是澳門保育運動的一場難得的勝仗。

之後，燈塔景觀的爭議成了更大的新聞。澳門半島有東望洋（松山）及西望洋（主教山）兩座山，殖民政府利用這兩個制高點建立地標，西望洋山頂是教堂，東望洋山頂是燈塔。代表葡國國教的教堂與象徵航海業的燈塔，訴說的正是獨特的本土歷史。但在二〇〇七年，有發展商擬在東望洋山上興建比燈塔還高的超高樓，民間激烈反對：有市民組成「護塔連線」在媒體、在公開論壇發表意見，向政府施壓；另一團體「保護東望洋燈塔關注組」亦舉行座談會，甚至去信聯合國要求關注澳門世遺景觀。

此事果然受到聯合國關注，政府終於在二〇〇八年初立法限高，堵塞漏洞[19]。此乃澳門公民運動的里程碑，澳門人第一次集結起來，以專業知識及社會行動捍衛文化遺產及城市景觀，是一次關於本土文化的公民覺醒。但後來，西望洋山頂的教堂則沒有那麼幸運，高度被附近的住宅樓宇超越，教堂不再是天際線的最高點，景觀大受破壞。

自賭業市場開放以來，澳門的公民社會在不同領域萌芽，其中最叫人動容的是保護藍屋仔及燈塔景觀的力量。澳門人一向注重實際，往往非得等到生計被威脅才會站出來。然而，為了看來沒有實效的集體回憶、與溫飽無關的城市景觀，竟然集合了一股抗爭力量。這種成長，既關乎社會參與，也關係到一種主體性的建立——要保住一些回憶，一些景觀，因為我們是這個城市的主人。

護塔事件之後，其他的保育運動不是每次都能發揮那麼大的社會效能，甚至是失敗居多；不少沒有被納入世遺的老建築雖然甚有特色，但還是說拆就拆，包括望廈兵營、高園街公務員宿舍、下環街均益炮竹廠等。但無論如何，文化保育意識已播下種子。在保育聲音中，夾雜的是「不要讓發展巨輪輾碎我們的歷史」、「澳門珍貴的東西已經買少見少」、「為下一代捍衛本土文化」，甚至是「失去古蹟即是失去認同的依據」等論述，已超出純粹的古蹟保育，而牽涉到本土文化與身份。

民間組織「我城規劃合作社」於二〇〇九年成立，由關注社區的城市規劃師組成。

19 這高樓停工多時，但在去年，政府企圖讓這當時被限制只能建到52.5公尺的樓宇建到81公尺，民間強烈反對，現在事件仍懸而未決。

他們就城市規劃問題積極發聲，並且經常關注文化遺產的保育工作。這組織的出現正是賭業市場開放後，澳門的城市空間劇變、文化遺產備受威脅之時。他們用的「我城」兩字來自香港作家西西的小說《我城》[20]，這本七十年代出版的小說被認為是為香港本土意識奠基的首部城市文學，很多人因此用「我城」稱呼香港。澳門人用「我城」兩字成立一個關注城市空間的團體，背後是本土身份的確立。多年來，這個團體在澳門的文化保育運動中幾乎從不缺席。

經過這些保育事件，世遺的價值迅速彰顯，其意義已超越歷史價值：它首先是澳門人寄託自我身份的載體，它又是一去不返的純樸澳門的象徵，後來它甚至成了對抗經濟過度發展的武器——當我們對於急速而欠缺規劃的城市發展感到無能為力，唯有世遺這一張「皇牌」可以令反對聲音變得理直氣壯。而在世遺名單那二十多幢建築以外，澳門人亦開始關注其他歷史古蹟。

其實，澳葡政府早於一九九二年公佈《澳門文物名錄》，列出受法律保護的一百二十多個建築。登上世遺之後，澳門人終於略略知道歷史城區的價值，但還有許多有價值的建築不被社會關注，不受法律保護，例如下環街光復圍、大三巴旁的茨林圍、現代風格的葡文學校、裝飾藝術風格的新中央酒店，甚至是當年備受爭議的中葡友好紀念物之一的融和門[21]等。

旅遊業與房地產的發展威脅著澳門的文化遺產及周邊景觀。《澳門文物名錄》曾經二十多年沒有更新，最近兩年才加入了一些建築，以致不少文化遺產完全不受法律保護，處境危險。事實上，澳門人本身亦對城中古蹟知之甚少，我們有必要像遊客一樣，從零開始，拿著一張建築地圖，逐一了解這城市的文化遺產。過去逾十年，有關文化遺產的爭議從未平息。在未來日子，這種矛盾仍然會持續上演，社會要理性討論，也要集結力量去保育。

## 「突然保育」的微妙原因

的確，如果不能保護文化遺產，澳門人對本土歷史文化的了解將會苦無依據，對澳門的愛與認同，亦將失去一大載體。然而，有關文化遺產的爭論卻不是可以一語道破的，它好像一個秘密，它的複雜性始終沒有被完全說明，而民間對此的討論也只限於它的表層。表面上，澳門人要保護本土文化，不能因為經濟發展而犧牲文化遺產、

20 西西，《我城》，台北：洪範，1999

21 澳葡政府在回歸之前建造了幾座中葡友好紀念物，包括融和門、東方明珠、蓮花雕像、觀音蓮花苑及媽祖石雕像等。這些紀念物被指造價高昂，而且有美感上的爭議。

城市景觀、集體回憶。

然而，問題卻比這番說詞複雜得多：首先，澳門人過去十年為何會「突然保育」？換了在二十年前，誰會在乎小小的藍屋仔會否被拆？另一個更棘手的問題是：當我們用燈塔或主教山來代表澳門文化，並以此來反對急速的賭業發展時，我們是不是用了前殖民政府的象徵，來抵抗有人稱為是「新世紀的殖民主義」的全球化？

文化遺產表面上是關於過去的，它看似代表一段已經凝固的歷史，是永恆不變的。然而，它的功能卻是屬於當下的，它的意義也是開放的、浮動的、不確定的；它是當代人建構出來的一種情感結構[22]。人們會爭奪對它的詮釋權，最後使用它來解釋或解決當下問題。

例如，面對萬里長城，秦朝的百姓想到的可能是暴政，當年的士兵想到的可能是殺戮，但今天，它卻被詮釋為代表了中華民族的偉大。我們對長城的認知，是經過一番篩選與塑造而成；中國人很少用它來反思暴政與戰爭，而是用它增強民族認同感。有關長城的論述，通常是「偉大」、「好漢」、「建築奇蹟」、「中國人的驕傲」、「連在月球都看到」，而不是「暴君」或「生靈塗炭」。這套論述的基礎，是近代中國在脫離戰亂之後要增加民族榮譽感。

如此看來，澳門人的「突然保育」就起碼說明了兩個當代問題：一是澳門文化的弱勢，我們長期以來太渴望擁有向外宣示澳門獨特性的文化象徵，並借此建構本土身份；二是民間的不滿情緒，澳門人的保育意識其實是建基在一種抗拒賭業過度發展的基礎上的。澳門的文化遺產訴說的其實是當下的故事——一個純樸小城被迅速捲入全球化巨浪、並從中跌跌撞撞地尋找本土身份的故事。

有關世遺的爭議最少被談及的一點是：它們其實大多是殖民時代的象徵。燈塔代表了葡國的航海事業，眾多教堂代表了葡國國教，望廈兵營等軍事建築代表的亦自然是殖民管治。當一般人對澳葡政府絕不依戀，我們用以代表自己的、用以抵抗賭業過度發展的，竟然是殖民政府的遺物。我們策略性地使用了世遺。因此，今天我們談世遺時，很少談到它背後的殖民歷史，因為這會使其功能徒增不必要的複雜性。

更有意思的是，我們是用了殖民時代的象徵，去反對今天的後殖民。殖民主義，是上兩個世紀的西方列強入侵弱國的形式；而全球化，則被認為是今天西方大國入侵其他國家的新形式殖民，這種殖民不再靠船堅炮利，而是用經濟與文化勢力去侵略，被稱為後殖民。有關世遺的最深層次問題就在這裡：對於「殖民」這種彷彿只會出現在歷史教科書的久遠往事，我們有沒有認真梳理它在澳門究竟留下了什麼？對於今天的

22 Byom, S. (2002) *The Future of Nostalgia*, Plymbridge: BasicBooks

後殖民，我們又如何自處？當我們用殖民時代的象徵——世遺——去反抗後殖民時，這裡面的微妙張力其實從來沒有被說清。

燈塔捍衛戰有一個很值得討論的小節：護塔最有力的行動，就是有團體直接去信聯合國，當教科文組織都對事件表示關注，才真正對政府造成壓力。當中借助的，是一種外力。因此，葡國人留在澳門的文化遺產，透過聯合國的加冕後，成了澳門人的文化認同，而這種認同，被用以抗拒外來的全球化力量，其間又巧妙地再借助了聯合國影響力去拯救文化遺產。在意義上非常「本土」的世遺，竟牽涉了如此複雜的跟外界（從葡萄牙、聯合國到外資企業）的關係。

這當中牽涉的，包括本土與外來的辯證關係、殖民時代到後殖民時代的過渡、世界性組織與本地政府的矛盾。這種種剪不斷理還亂的關係，正是文化遺產背後潛藏的一籮筐問題。這提醒我們，儘管文化遺產似乎是非常本土的東西，但無論在殖民時代或是今天的全球化世代，澳門人的身份與獨有文化的建立與捍衛，都不能缺了我們跟外界的關係。在這複雜的權力結構與歷史文化脈絡中，澳門的案例只是冰山一角。

## 第四節 排外情緒：「你不是澳門人！」

一向身份認同模糊的澳門人，終於喊出「我是我」，這種本土身份成了抗拒城市過度發展的正面力量。然而，這種本土意識卻有危險的地方，它有時會轉化為排外情緒。一個人關心、認同自己的城市，跟排外有什麼關係？以下的真人真事，也許可以帶來一點啟示。

我的朋友阿貞是台灣人，當年在英國南部求學。曾經，她跟另一台灣學生遷入一個乾淨寧靜的小社區，雖然交通有點不便，但她們很喜歡那環境。然而遷入之後，她們卻感到異樣；首先，那社區的居民幾乎都是老人，而且全是白人，更甚者，這些老人對她們並不友好。有天，她們跟一個比較友善的鄰居談天，才知道那社區由於遠離鬧市、環境寧靜，加上物價較低，因此吸引了很多中產退休人士入住。慢慢的，居民形成了一種社區意識，為了維持「治安良好、環境清靜」，他們不歡迎有色人種，也不喜歡年輕人進駐。後來因為其他原因，阿貞她們決定搬家。當某個鄰居得知這消息，就天天追問她們何時遷出，態度並不客氣。

我們建立一個群體，往往是要透過一個定義「誰是自己人、誰又是外人」的過程。

上述社區中的老人為了共同維護生活環境，就排斥他們所定義的「外人」。那種「這是我們的社區」的認同感，一方面令他們很珍惜很關心那個區域，另一方面卻狠狠地把其他人拒於門外，甚至有歧視之嫌。阿貞永遠無法得知，那區的英國人曾經如何評論她們，而她們遷出之後，他們又會不會定下一些社區契約，以防「不受歡迎人物」遷入，繼續維護那裡的「純淨」。

在澳門，賭業的驚人發展突顯了各式各樣問題，逼使我們不得不關心本土事務，而回歸後「澳人治澳」，更令我們有了「這是我們的澳門」的意識。這種殖民時代缺席的本土性，令很多市民不再政治冷感，令很多學者投入本土的學術研究，令很多藝術家以本土為題創作，令很多有識之士起而捍衛本土文化。這股力量，史無前例地推動著一種關於澳門的獨特性、澳門人的本土身份的論述，意義重大。

然而，這個身份建立的過程，也衍生出令人擔憂的現象，似乎有一種排外情緒伴隨著本土意識滋生：我們開始不喜歡外人談論澳門，我們開始對「澳門人」的定義設限，我們開始不無潔癖地檢視什麼東西是屬於澳門的，什麼東西又是「外來」的。

## 港澳罵戰多次上演

這種情緒，最清楚地顯示在澳門人對香港的態度上。以往，對於香港傳媒有關澳門的呈現，無論滿意與否，澳門人很少吭聲，那甚至成為了我們看自己的指標，例如香港人說澳門純樸，久而久之，我們也覺得自己純樸。但到了近年，澳門人開始批判外人看澳門的目光，不再逆來順受，甚至作出反擊。香港ＴＶＢ在二〇〇〇年拍了澳門題材的電視劇《十月初五的月光》，劇中澳門的真實感十分薄弱，但是，當時澳門人不但沒有抱怨，甚至乖乖追看。

然而，近年澳門人對於香港人及香港媒體的言論卻頗為敏感，甚至動輒在網上掀起罵戰。首先，是有關派錢的新聞。香港媒體處理這新聞一般有兩種框架：一種是一面倒地讚賞，利用澳門的「好景」及「和諧」暗罵香港的政治對立與社會糾紛，有傳媒甚至盛讚澳門「政通人和」，「人民安居樂業」，有政論專欄作者表示「來生要做澳門人」[23]；另一種是冷嘲熱諷，認為派的錢是「掩口費」，是政府叫市民乖乖閉嘴的甜頭，又指澳門人在利益面前選擇沉默。這兩種言論都令一些澳門人反感：前者根本不明白澳門的

23 盛女，〈來生要做澳門人〉，《太陽報》，2012年4月15日

複雜問題與澳門人的矛盾心情，後者則是「唱衰」澳門、「澳門的問題輪不到香港人說三道四」云云。

類似的反港媒戲碼，每隔一段時間就上演，「反阿蘇」事件就是一例。香港美食節目主持人阿蘇的作風有時粗鄙霸道，她有一次在節目中介紹澳門街頭的冰淇淋攤，因為價格高而大聲喊貴，又作勢要打那攤販。澳門網民大為反感，批評她對澳門人不禮貌，更不滿只要經她介紹的食肆無不大排長龍，食物品質下降。更有人在網上成立「反阿蘇」群組，有一千多人加入，更有人請政府禁止她入境。

又有幾次，香港人在網上發表批評澳門的言論，掀起港澳人隔海開火，有人說澳門人玻璃心，不面對現實，有人罵香港人根本自顧不暇，憑什麼高高在上。其實，香港傳媒自然有其歪風，在澳門新聞的報導上有時指桑罵槐，有時又煽風點火，不是為了呈現真實的澳門，但它們報導本地新聞同樣如此，沒有特別薄待澳門。

另外，很多香港人的確對澳門知之甚少，那種無知有時令人側目（例如問澳門人可否上網，是否認識陳奕迅），但這無知是出於澳門文化輸出弱，以及澳門長期不被外地重視，不能全怪香港人。有些澳門人的確是因人廢言，總之是香港人說的，一律不對，香港人不該來評論澳門時事，甚至香港人介紹澳門一間餐廳都可能是有陰謀（收了錢）或是他們根本不識貨（不懂真正的澳門美食）。

最近一次、大概也是最激烈的一次，發生在二〇一七年颱風天鴿過後，香港作家陶傑在臉書發帖，對災情加以嘲弄[24]。此帖一出，引起澳門網民群情洶湧，紛紛大罵陶傑涼薄，並要求道歉。同時，香港媒體人曾志豪在網上評論澳門災情，最後說：「停電斷水的落後淒涼，又令我們醒覺，澳門派的幾千元，其實是要你節哀順變不要傷心的，帛金。」這亦叫澳門人激動難抑，群起攻之。再加上有香港傳媒（如《蘋果日報》）以一貫嬉笑怒罵的方式報導風災，亦令不少澳門網民吃不消，留言痛斥。

風災之後，澳門政府曾拒絕讓多個香港媒體入境報導災情，這當然絕非好事，但竟有不少澳門網民額手稱慶，直呼「做得好！香港媒體不是好東西」，甚至是「澳門問題不需要香港人來管」，原因是他們總愛負面報導——雖然，我們普遍知道，香港一些深度新聞節目報導澳門問題的深入及詳盡程度，往往比起本地媒體有過之而無不及。

過去幾年，澳門人的身份認同越是強，類似的網上罵戰就越是激烈。當然，這無損香港媒體在澳門始終巨大的影響力，澳門人仍需要香港提供資訊與娛樂，香港元素也仍然是澳門文化不可或缺的重要部分。但是，尤其有了網上的平台，澳門人已經不再沉默，會結集起來發言，共同對抗（很可能是想像出來的）「外敵」。

24 〈fb貼水浸相配疑似粗口遭網民罵爆，陶傑刪帖拒道歉〉，香港01網，2017年8月25日

## 由「我不是誰」定義「我是誰」

其實，每一種身份的建立都必經藉由對外人（即是「他者Others」）的否認與排斥而成。也就是說，「我是誰」這問題必須由「我不是誰」來解答[25]。最簡單的例子是高級俱樂部，其會籍之所以是身份象徵，就是因為該會把社會上大多數的人排除在外；入了會，我就不是平民百姓。最政治的例子就是美國：五十年代，以麥卡錫事件為主的一連串恐共活動，逼人民選邊站，以此抹黑政治異見者；九一一事件之後，布希政府又對中東妖魔化，對國內拉美裔人排斥，這種排外情緒延續至今，也是把川普送上總統寶座的一大因素。多年來，美國政府就是透過製造外敵來強化美國意識——美國是民主的，共產國家是專制的；美國是文明的，中東國家是野蠻的邪惡的。

澳門的本土意識的危機就在這裡：我們對誰是澳門人、什麼是澳門文化劃下了重重限制。對於大陸外勞，我們帶著不忿加歧視，因為「他們是來搶飯碗的」；對於東南亞移工，我們更是抗拒加厭惡，因為「他們佔用公共空間，不衛生又吵嘈」；對於外資，我們也沒幾分好感，因為「他們只是來賺錢的」；對於遊客，我們也不太歡迎，因為「遊客逼爆澳門，令澳門快陸沉」。

沒多少人記得，澳門本來就是個移民城市，而在今天的合法居民中，在澳門土生土長的本來就不是大多數。我們更不會深究，澳門文化之所以獨特，原是因為我們是全中國最早跟西方交流的地區之一。人口流動、多種語言、文化混雜，本來應該是澳門可以引以為傲的特點。

當然，負面情緒也是源於政府對外勞及旅遊業的規劃不足，政府責無旁貸，然而我們也該思考，為什麼現在澳門人那麼容易對「外人」反感？為什麼網民動輒大呼「讓澳門回到過去，我們不要外資、不要遊客、不要便利商店、不要麥當勞」？這顯然是因為本土意識有時狹隘，在認同澳門的同時，我們似乎要分清敵我，嚴格地指出什麼人不是澳門人，不應對澳門問題七嘴八舌，什麼東西不屬於澳門，最好通通滾蛋，什麼又不是澳門文化，應該被排斥。

這種排外傾向可以變成保守的政治文化力量。對外來人口的排斥，令我們喪失建立多元文化的良機；對外資的排斥，最終令產業結構更單一，限制澳門人的社會流動性，對民主發展不利。其實，文化從來都是流動的，在捍衛本土性之餘，要知道澳門一直以來，就是由不同族裔的人組成，葡文、廣東話、福建話、國語、英語、甚至

25 Hall, S. (1996) 'Introduction: Who Needs "Identity"?' in Hall, S. and du Gay, P. eds. *Questions of Cultural Identity*, London: Sage, pp.1-17

泰文，都在澳門有一席之位。而文化的活力，本來就來自於其變化、更新、蛻變的潛質。

本土身份的正面力量應被肯定，面對全球化浪潮，面對全面面向大陸而喪失本土特色的趨勢，我們要力保澳門的獨特性，不要讓澳門被同質化所吞噬。然而，本土意識潛在的排外傾向也要警惕。我有個朋友，是從台灣來澳門工作的學者，他曾經很質疑澳門建立本土意識的正面價值，當時我不很了解，但現在我似乎懂了，除了擔心排外情緒的滋生，對他本人而言，本土意識很可能把他排除於外，因為他「不是澳門人」。這位朋友在澳門居住多年，已是永久居民，他投注不少心力研究澳門問題，我們不應因人廢言，把他當外人排斥。

澳門曾是個與世無爭的小城，澳門人過慣了簡樸閒適的生活，但在近十幾年，外來人口激增、外資大量湧入、遊客逼爆澳門，這叫人受不了的同時，排外情緒亦浮上水面。對「他者」的簡單定義成了非常便利的排外式本土主義的動力，而這種情緒最終阻礙的，是多元包容的文化氛圍——這曾是澳門的強項。

## 本土身份該有的留白

本土身份是公民社會的重要力量，但也容易衍生出保守的排外情緒。要如何平衡本土意識與開放態度？關鍵可能在於兩個字：留白。

來看看深圳的例子。作為一個城市，深圳很難令人特別喜歡。深圳看起來沒歷史沒文化沒傳統，那不過是個在中國八十年代改革開放下快速拔地而起的商業城市，冷冰冰的沒什麼趣味。但是，像深圳這樣的一個無根的城市，卻自有優勢；而深圳的特點，也可以給澳門一點反思。

幾年前，我跟一個畢業於廣州暨南大學的東北人談起珠三角的城市。他跟我說，他的不少外省同學畢業後如果留在珠三角，都會選深圳而棄廣州。原來，由於深圳是個新近發展的移民城市，一個外來人不太會被視為外來人，因為，本來就沒什麼純正的深圳人。相反，在廣州生活，他們還是感到疏離，因為廣州人不會把他們當自己人，甚至排斥他們。他們覺得，深圳比廣州更歡迎外來人。作為一個年輕的城市，深圳沒有建立一套非常堅固的身份認同，當肯定地自稱「我就是深圳人」的人還不多，也就意味著什麼人都可以是深圳人。

深圳為澳門身份帶來的思考是：以往，澳門人身份模糊，國家意識薄弱。我們不像香港人，他們對自己的城市非常認同，在外國時大多宣稱自己是香港人，絕不含糊；就像作家西西在《我城》中提到的，香港人只有「城籍」而沒有「國籍」[26]。我們也不像大陸人，他們有非常鮮明的國族認同，甚至隨時準備起而捍衛民族尊嚴。

但有時候，本土身份中帶點模糊與留白並不見得是一種缺點。不少曾在外國求學或工作的人都有類似感覺：澳門人有時是兩岸四地華人之間的「友誼大使」，我們很容易跟任何地區的華人交朋友，而不受政治或地域隔閡影響。我們跟香港人很容易混熟，因為方言相同，文化接近；我們跟香港人聊天談的多是香港的事情，也不是刻意遷就，而是澳門人早就認同了不少香港文化。

台灣人跟大陸人在外國時常因為政治分歧而生嫌隙，甚至因此連朋友都做不成，這時，澳門人也可以左右逢源，我們沒有鐵板一塊的認同與立場。換言之，我們跟香港人一起就幾乎變成香港人，我們對大陸人的民族感情見慣不怪，我們對台灣人的政治意識可以理解。我發現到了外國，澳門人的人緣在華人圈子中特別好，原因之一，是我們沒有非此即彼的身份認同或牢不可破的政治取向。

如果說台灣跟香港身處政治與文化的邊緣，那麼，澳門就更是處於邊緣外的邊緣。台灣跟香港的邊緣位置，令他們產生身份認同危機；香港學者葉輝就妙用「臥底主義」去描繪香港文化[27]，那是一種歸屬不明、既非此亦非彼的認同，因此臥底題材才會在香港電影歷久不衰。另一學者羅永生更建構理論框架，詳細解構電影《無間道》中講臥底的「雙重效忠」如何巧妙地寄託了香港的後殖民狀態與香港人的政治意識[28]。台灣人的身份也搖擺不定，電影《海角七號》索性把日本描繪成台灣的政治史與庶民史的最終依歸，依戀日治時代而不談統獨。不過，儘管有身份認同危機，但從政治、傳媒、藝術到流行文化，香港與台灣的發聲仍是相當清晰。他們的確處於邊緣，但那是個有被說明的邊緣狀態。

但反觀澳門，卻一直在邊緣中相對沉默。這種狀態，某程度上是一種社會文化上的「病理」，然而，這種狀態也帶著一種開放性，也就是說，在身份未被固定時，其實內藏某種開放性，澳門人的定義是可以很廣的。雖然背景各異，但澳門像深圳一樣，都是因為沒有太過堅固的本土認同而有了一種開放性。

## 模糊與混雜的力量

在全球化席捲各國的今天，同時有排外情緒在各地滋生，更有極端保守的基本教

26 西西，《我城》，台北：洪範，1999，頁150
27 葉輝，《臥底主義》，香港：點出版，2009
28 羅永生，《殖民無間道》，香港：牛津大學，2007

義派興起，民主國家有美國的極保守福音派教會，在伊斯蘭教國家則有仇恨西方的恐怖份子。他們拒絕任何變化，容不下任何彈性，只為堅守所謂的傳統與教義，願意為此赴湯蹈火，死而後已。另外，無論是英國公投脫歐及川普當選美國總統，都跟排外情緒有微妙關係。但澳門長久以來卻似乎沒有滋生基本教義派的土壤，因為我們沒有根深柢固的政治意識，我們的世界沒有鐵板一塊的金科玉律。

身份的模糊與文化的混雜其實可能充滿創造性的力量。例如深圳不會排斥外來的人事物，這就是文化創造性的土壤所在。沒什麼人在深圳被質疑不是深圳人，沒什麼文化在深圳被貶抑為不合深圳傳統。就像一種藝術，深厚的傳統有時會窒礙創作（如古典音樂），而沒有傳統則可能最適合大膽創意（如塗鴉或行為藝術）。而這就是澳門所潛藏的文化力量，因為澳門很可能是兩岸文化包袱最小的地方。

當北京及上海有深厚的「京派」、「海派」的文學及文化傳統，香港或台灣也有某種積累下來的文化範式（如廣東歌及台灣電影），澳門就可能因為文化模糊而爆發文化、社會、政治上的新意，例如澳門基本上沒有文學傳統，要書寫澳門就更揮灑自如，又如澳門人的個性沒有被定型，新的定義就成為可能。

後殖民理論大師霍米巴巴（Homi Bhabha）曾分享過他的一段引人深思的經驗[29]。他來自印度孟買，後來去了英國牛津讀書。在牛津這個西方文化學術殿堂，處處被深厚傳統包圍，他卻很懷念孟買的混亂、包容、多元。他很感慨，當一些所謂偉大的西方城市常有仇外的叫囂，一些被視為次等的後殖民商業城市卻是充滿生機與可能性。

霍米巴巴的核心理論，就是混雜（hybridity）、模糊（ambivalence）、邊緣（periphery）及「居間性」（in-between-ness）[30]，即是不屬於這，也不屬於那。他認為，混雜的文化打破僵化的國族傳統，模糊的身份質疑排他的民族主義，邊緣的位置有利於挑戰掌握話語權的中心。對他來說，曾被殖民的地方會因為文化混雜而併發新意，蘊藏變革因子。

近十年，一種澳門論述漸漸浮現，一種澳門人身份也正逐步被確認。這一方面令我們思考、關心、書寫自己的城市，有不可否認的積極意義。然而，讓身份認同與文化歸屬保有一定的模糊與不確定卻有其正面價值。一個多元進步的地方，無論是澳門或其他城市，都應該多少像深圳像孟買，充滿開放性、混雜性、可能性。

29 Thompson, P. (1994), 'Between Identities' , in Benmayor, R. and Skotnes, A. eds. *Migration and Identity (International Year Book of Oral History and Life Stories Vol. III)*, New York: Oxford University Press, pp.183-199

30 Bhabha, H. (1994), *The Location of Culture*, London and New York: Routledge

# 第四章——澳門創作

## 自己故事自己講：

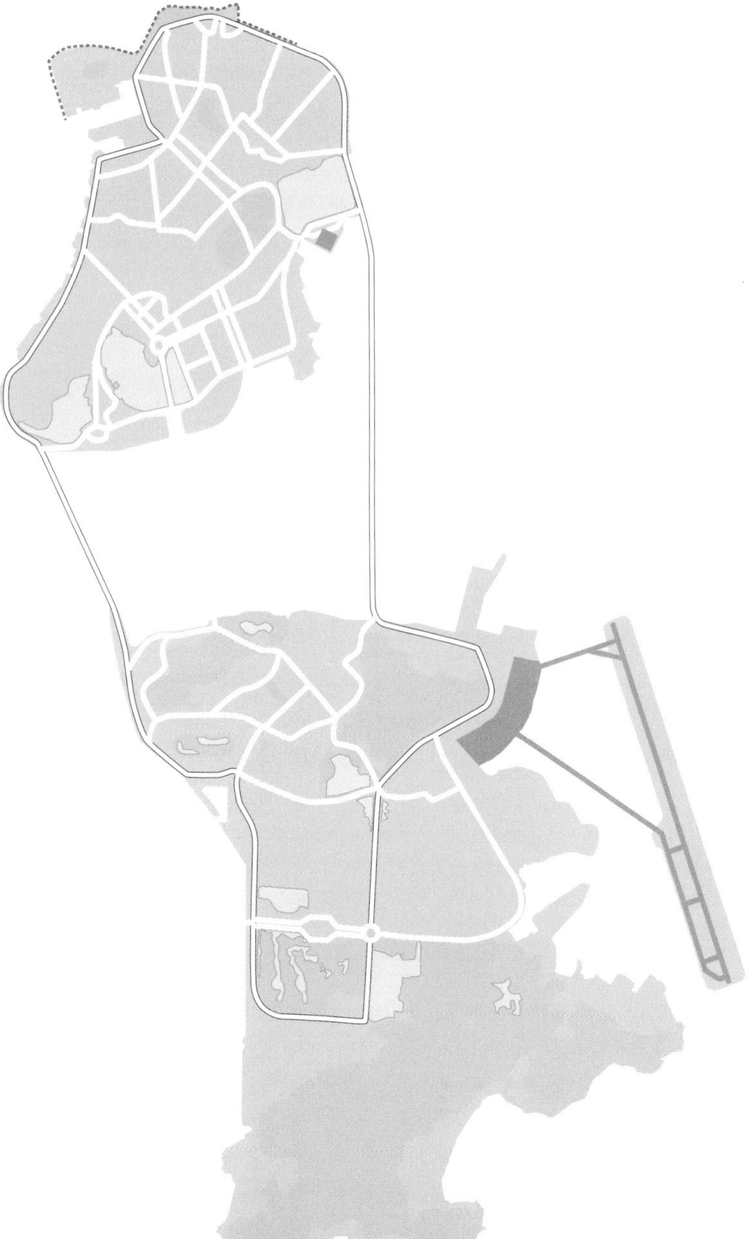

澳門的故事，要從何說起？澳門沒有電影業，沒有出版業，沒有唱片業，澳門的文化輸出一直很弱。旅遊雜誌中，澳門是豪華的賭場或是古舊的建築；新聞報導中，澳門是個令人羨慕的富裕賭城。但除此之外，澳門還有什麼故事？澳門人怎樣訴說複雜的心情？最近十年，隨著本土意識興起，在電影方面，有人用按摩女郎的故事抒發對澳門的愛恨交纏；在視覺藝術方面，有人用古地圖作法繪畫今天的城市發展；在戲劇方面，有人用百年前的風災反思澳門現況。這些作品，呈現一個主流媒體看不見的澳門。

## 第一節　澳門城市電影的誕生

電影常常是一個地方一個時代的鏡子：法國新浪潮側面反映了六十年代法國風起雲湧的文化革新與學生運動，同樣在六十年代發端的新好萊塢（New Hollywood）電影為美國戰後的嬰兒潮寫下時代的一筆，八十年代的台灣新電影則代表了台灣一個自省的、批判的、渴望尋溯歷史的政治新時期。

過去數十年，兩岸三地都各自以豐富的影像回應了社會的劇變，於是我們今天可以從張藝謀、侯孝賢及王家衛等導演的作品看到中國大陸、台灣、香港幾個地方的政治社會文化發展軌跡。那麼，一向形象模糊的澳門又如何？澳門的故事，如何用影像訴說？

### 香港電影的澳門想像

其實，要尋找電影中的澳門並不困難，港片三不五時就在澳門取景。過去二、三十年，隨便數數便有《天若有情》、《賭城大亨》、《古惑仔之人在江湖》、《暗花》、

《放逐》、《伊沙貝拉》、《遊龍戲鳳》、《激戰》、《賭城風雲》及《北京遇上西雅圖之不二情書》等等。然而，大部分港片中的澳門都非常「超現實」，跟澳門實況關係薄弱，也沒有澳門人的真情實感。

《賭城風雲》系列在大陸叫《澳門風雲》，一連拍了三集，大受歡迎。雖然電影口碑甚差，第三集更在大陸《青年電影手冊》舉辦的金掃帚獎勇奪「最爛電影」、「最爛導演」及「最爛整體演出」等多個大獎。這樣的大片，有周潤發及劉德華仔等巨星壓陣，似乎為澳門做了一次很好的宣傳。然而，這電影卻讓人誤解澳門，又或者說，電影中根本沒有澳門。王晶拍《賭城風雲》只是借用澳門賭場作為賣點，再重複他二十多年前的《賭神》公式，換了佈景，裡面其實沒有澳門人的生活，沒有澳門人的故事。

這種情況屢見不鮮。在港片中，澳門從來只是香港人的一種想像。有些電影用當年澳門的相對純樸對照香港的江湖糾紛，《天若有情》中的劉德華逃亡到澳門，跟吳倩蓮度過一段愉快時光；有些電影只借用澳門的某種氣氛，《伊莎貝拉》就捕捉了澳門的異國情調，而沒有生活實感；而《賭城風雲》系列則借用澳門的大型賭場，講的是天馬行空的港式江湖糾紛。

《遊龍戲鳳》更是典型例子：無論是美式大型賭場酒店，或是葡國人留下的歐式風貌，電影通通不放過，把澳門拍得很美，但不過是佈景板。更甚者，舒淇飾演的澳門女子完全脫離現實：她是賭場的荷官，下班後又在舞廳兼職艷舞女郎。這樣的人物設計，在澳門人眼中是不可思議的，因為做荷官要輪班，工作時間長，人也疲累，根本不可能再去兼職跳艷舞，再者，澳門現在的舞廳已幾乎沒有本地人做艷舞女郎了，有的只是各國佳麗。

之所以有這樣的安排，是因香港人多年來對澳門的印象就是黃與賭。尤其以往旅遊設施較少，來澳門的香港遊客以男性為主，標準行程往往就是舞廳三溫暖再加賭場耍樂。於是，就有了舒淇這個荷官加舞女。不過，香港人仍是覺得澳門人純樸，因此舒淇雖然每天穿梭夜場，但她又是個純真可愛到不得了的女生。黃加賭加天性純樸，這個角色一次投射了香港人對澳門的三種想像。

觀眾在電影中彷彿看到澳門人與澳門景觀，但這卻並非一個真正的澳門。雖然賭業是澳門第一大產業，但大部分澳門人的生活其實是沒有賭桌與舞廳的（澳門現有賭業員工八萬多人，佔整體勞動人口三十八萬不到四分之一），至於今天的澳門人亦已不再像片中舒淇那麼純樸了。從城市景觀到人物設計，《遊龍戲鳳》呈現的是想像。結果，澳門彷彿被看見了，又沒有真的被看見。

情況來到二〇一六年的《北京遇上西雅圖之不二情書》頗有不同。這部片的女主角雖然仍然是一個女荷官，但這一次，她的心理掙扎亦是電影的主題所在。電影講述男女主角如何面對不堪的自己：湯唯在澳門當賭場荷官，沉迷賭博，賭到一個程度，甚至要出賣身體還債；吳秀波在美國做地產經紀，為了賺錢，他利用客戶的情感進行詐騙。兩個人，都財迷心竅。

電影中，美國與澳門兩個地方都有象徵意義。美國是許多中國人的心結，是民族與金權之夢，片中吳秀波說：「中國人富起來可以買下整個美國。」似乎非常自負。澳門則代表不勞而獲之夢，在這城市可以一夜致富，人人可發財，片中湯唯說：「澳門的賭場收益已是拉斯維加斯的六倍。」似乎非常輝煌。然後，電影展示這兩個人如何獨自跟內在那個貪婪的、失卻自我的、沒有道德的自己爭鬥。直到有一天，心魔驅趕得差不多了，他們才嘗試從一個筆友身上尋找愛情。

《不二情書》不是情書，它更像是導演寫給當今中國人的一封家書，為那些無恥地貪婪、活得沒有道德與良心的中國人而寫。電影的溫馨提示是：在你變成一個更好的人之前，你其實不配談愛情。而片中的澳門，就成了今天中國的某種隱喻；這個賭城的華麗庸俗，代表了當今中國人的貪婪。電影或許依然沒有澳門人的生活質感，但至少，裡面的澳門已不是佈景板，導演是掌握了這城市的某種特性，然後用它來傳達電影的主題。

如果說，多數港片對澳門的呈現不盡不實，好萊塢電影更叫人看得下巴掉下來。

在《007：空降危機》中，澳門是古老而神秘的異域，賭場中的女服務員戴假髮穿旗袍，裡面更養著一隻龐大的食人獸，充滿東方主義的想像。這部電影要獵的奇，根本純屬虛構。片中澳門完全是搭景搭出來的，沒有一處是實景。當然，澳門不是唯一被不明就裡的外國人書寫的地方，好萊塢如何任意扭曲呈現其他國家如俄羅斯、伊拉克、越南、中國、印度，早已鐵證如山。在這時代，誰掌握媒體，誰就掌握了論述的權力。被隱形、被誤解的，又怎會只有澳門？澳門的困境並非個別例子，問題是：面對強而有力的媒體，本土書寫如何突破重圍？

## 與社區對話的城市電影

因為各方面條件限制，澳門沒有像台灣及香港等地發展自身的電影工業，澳門的電影創作交不出任何傲人成績。然而，澳門其實有人一直默默進行影像創作。直到今天，澳門的電影創作仍然遠遠比不上香港和台灣，但是，這個城市卻已慢慢有了能力用影像書寫自己的故事。

澳門的獨立電影早在回歸之前已在本地文化界引起注意，一九九四年朱佑人拍出《亞明的故事》，抒發澳門人在回歸前的忐忑心情，另一導演許國明則在二〇〇〇年拍出劇情長片《槍前窗後》，以殺手題材思考媒體科技與生活的關係，他們都是澳門獨立電影的奠基者。然而，若要談到一個創作風潮的出現，則仍要看過去十年的作品。

要討論澳門的影像創作，台灣與香港的經驗提供了很好的參照。從八十年代開始，在經濟火速發展的四小龍時代，台灣及香港一批新導演不約而同用新穎的影像風格直視現代城市問題：楊德昌的《青梅竹馬》捕捉了城市發展如何造成一對愛侶的疏離——蔡琴是時代女性，屬於時髦的台北東區，侯孝賢則是傳統男人，屬於老化的台北西區。關錦鵬的《胭脂扣》則以女鬼尋人的故事，帶出對城市高速發展的無奈，當年的旖旎風情已變成商業社會的石屎森林。蔡明亮的作品也隱約觀照著城市議題，他的《不散》紀錄了台北一間即將結束營業的舊戲院風貌；在這個被遺棄的陰暗城市空間，一些城市邊緣人徘徊不去。這三部電影之所以動人，是因為它們對城市發展滿有反思，對城市空間觀察敏銳。

過去數十年香港及台灣電影的城市題材，近十年也在澳門出現。二〇〇七年，短片《戴上紅鼻子的一天》以誇張的話劇方式抒發對城市的感覺。片中，一群穿戴上小丑裝的年輕人用廿四小時漫遊澳門，看似瘋瘋癲癲，但其實是跟不同城市空間對話，包括容不下童真與嬉鬧的麥當勞（一個跨國企業的空間）、充滿歡樂的舊區菜市場（一個草根空間），以及破落頹然的舊建築（一個歷史空間）等等。年輕導演莫倩婷發自內心道出她對這個城市的種種愛與恨，寫出一封文筆拙樸但娓娓動人的「給澳門的情書」。這部短片技術非常粗糙，但卻是最早有意識地用影像跟城市空間對話的作品。

二〇〇八年的《堂口故事》正式宣佈了澳門城市電影的誕生。電影由朱佑人、Sergio Perez及許國明等幾個導演，以澳門不同的城區為題，各自拍出一部短片。五部風貌各異的作品，對不同的城市空間各有觀察。

五部短片中，何家政導演的〈良辰美景〉的主題可與《胭脂扣》作類比，同樣都是在陌生的城市空間尋人的故事。一個大陸青年來澳門尋母，獨個兒遊走在青洲區，最後只找到母親曾經居住的小屋，人去樓空。跟著這個外來人，導演帶我們慢慢地走了一遍青洲，那是一個渺無人煙的破舊區域、一片被城市發展遺忘的空間。片中，一間本應有著最親的人的小屋，卻已成頹垣敗瓦；尋母的不果，意味著城市回憶的喪失、根源的失落。包裹著這片破敗區域的，是電影一前一後金光燦爛的澳門夜景；小小的澳門之內，竟也有著如此懸殊的城區差異。片末的滿天煙火，只屬於澳門南區的繁華，並沒有照到北區的青洲。

令人想起《不散》的，則是朱佑人的〈有時〉。《不散》聚焦在一間即將結束營業的舊戲院，再藉由幾個城市邊緣人的步伐來呈現這片被淘汰的城市空間，〈有時〉則先以幾張照片說明三盞燈攤販區的改建，然後透過老中青三個主角的眼睛見證舊區變遷，悼念集體回憶的消失。即將搬家的婆婆，為了留下舊區風貌而學用數位相機，點出整部《堂口故事》的主題：用影像去紀錄澳門的一種精神。

土生葡人導演Sergio Perez的〈澳門街〉對澳門城市空間的思考，是五部短片中最深刻的。電影跟《青梅竹馬》有一脈相通之處，兩片都提出一個問題：一對戀人為何有緣無份？看看他們各自所屬的城市空間便可知曉。

從外國回流澳門的女子，巧遇於舊區經營葡國餐室的土生葡人，談笑甚歡，情投意合。然而，他們卻似乎走不出各自的城市空間：女主角滿口英文，她喜歡新區的繁華生機：「回來澳門之前以為澳門仍然很土，回來後發現澳門其實什麼都有了。」但男主角卻只屬於舊區，他跟她出去新區泡酒吧，渾身不自在，要先行離場。電影把一雙準戀人的矛盾置放於城市空間的差異中。

電影亦觸及性別議題。一如《青梅竹馬》，女性代表的是新城區的中產階層，男性代表的反而是舊區街坊。當兩人初次相遇，女主角開口跟土生葡人男主角講英文，男的卻以廣東話回應，並用葡文跟餐室中的老父對話。一個有著「老外」外貌的人竟是更接近本土文化的人，他熟悉舊區，操流利中文和葡文，是舊澳門的老街坊。這一點，突顯了導演作為土生葡人的視野：澳門既屬於華人，也屬於土生族群。

導演許國明的〈紙飛機〉，描述一個迷失自我的賭場主管遇上年少時的自己，想起了當年的夢想與朝氣。此片雖也是以特定的城區（望德堂區）為題，但全片卻以中景與特寫為主，甚少展示人物所處的城市空間。這視覺風格對照著電影主題：這是一個有關澳門人內省的故事，因此鏡頭也近距離直視戲中人。導演陳嘉強的〈指望〉不只片名跟楊德昌的首作〈指望〉（《光陰的故事》的其中一部短片）相同，更對澳門提出了當年楊德昌的問題：一個少年的成長之路要怎麼走？一個城市的發展要何去何從？

之所以把《堂口故事》跟以上幾部台港電影混為一談，絕非穿鑿附會，事實上，他們在風格內容上差異不小，整體成績更是不可同日而語。這裡要指出的是，一些過去數十年在台港電影中曾經出現的城市主題，已經悄悄的在澳門電影中浮現。《堂口故事》的意義是影像創作跟城市主題的結合，關於城市發展如何刺激導演創作，創作人又如何關懷腳下的土地。所以，儘管電影的瑕疵俯拾皆是，技術也很幼嫩，但我仍視之為澳門城市電影的誕生。

## 澳門的愛情片、驚慄片、紀錄片

《堂口故事》濃濃的本土味在澳門引起關注與討論，同一製作班底在幾年後推出《堂口故事2愛情在城》，換上一群年輕導演，也換上愛情故事的外衣，但對城市的發問與感慨仍不減當年，電影觸及了澳門的幾個文化症狀，包括懷舊、疏離、身份等。到了二〇一五年，《堂口故事3心亂疑城》以懸疑驚慄題材拍出三個澳門故事，有年輕人在罪惡中沉淪，有中六合彩帶來的惡夢，也有曲折的兇殺案，呈現澳門種種見不得人的兇殘與醜陋。三個短篇以周鉅宏導演的〈見光〉最為出色，故事是一對情侶因為中了六合彩而生糾紛，最後釀成血案。電影圍繞「人為財死」四個字，仁義與愛情在巨款面前都變得分文不值，皆因這城市有兩大黑暗之源：賭博風氣與房價居高不下。

在技術方面，《愛情在城》及《心亂疑城》比起第一部《堂口故事》有長足的進步，另外，雖然這距離真正的商業電影仍有一大段距離，但這兩部獨立電影已成功吸引了本地觀眾買票進場。三部《堂口故事》的意義不是它質素有多高，也不是能不能回本，能不能賺錢。在文化上，它開拓本土電影創作，以不同類型片去書寫澳門故事；在市場上，它吸引了願意買票看本土作品的觀眾；在製作上，它亦是培養人才的過程。

除了劇情片，紀錄片的興起也是澳門近年影像創作的一道重要風景。尤其當紀錄片的強項是直視社會問題，它在今天澳門的意義就更大。從二〇〇七年起，澳門文化中心徵集並資助以澳門為題材的紀錄片，催生了不少作品：有導演以吸毒康復者的故事探討毒品問題，有導演以一條老街（十月初五街）介紹地道文化，有導演從歷史城區的亞婆井追溯澳門歷史，這些作品都有本土意識。

最叫人驚艷的，是二〇〇九年獲得文化中心舉辦的「澳門製造二〇〇九」評審團大獎的《女移工》，導演何穎賢追訪幾個印尼女傭，不但紀錄她們在澳門的經歷，更追到印尼把她們的家鄉生活一一呈現。電影拍出了生動而鮮活的移工故事，表現了對社會弱勢的關懷；身為移工，身為女性，印尼女傭其實是雙重弱勢。藉著她們流動於家鄉與異鄉之間的故事，這個澳門題材拍出了一種在全球化下的跨國性別流動現象。

以往，從來沒有那麼多紀錄片同時湧現，聚焦本地的人與事，對澳門的過去、現在、將來提出問題。這些作品說明了本地創作人對澳門有話要說，而這個奇異的賭城亦為他們提供源源不絕的題材，一改以往本地作品有時太過閒適溫吞、缺乏社會觸覺的作風。

其實從十多年前開始，我就在澳門擔任不少短片比賽的評審。最初好幾年，好些作品都叫我汗顏，原因是技術太過粗疏，有時甚至造成爆笑效果。然而，這種情況逐年改善，導演掌握視覺語言的能力有顯著進步。另外，當時大部分作品都缺乏社會觸覺，思考性弱。最常見的就是喜歡借鏡、甚至複製香港影視作品，缺乏獨立思想，更枉論對社會有看法。但後來，不少關注本土的作品紛紛出現。過去十多年，我見證了澳門導演磨練技巧並逐漸培養本土意識的歷程。澳門要出個賈樟柯恐怕仍是遙遙無期，但本地作品卻已經漸有能力反映社會劇變與民生百態。

## 第二節　澳門電影新階段：骨妹回家

如果說《堂口故事》系列讓澳門觀眾終於肯定了本土電影的價值，那麼《奧戈》及《骨妹》則拓大了澳門電影的舞台；前者進軍國際一級影展，後者打進香港及台灣的商業市場。無論目的地是捷克的影展或香港的戲院，這些電影都訴說了情真意切的澳門故事。

二〇〇九年，澳門電影因為《奧戈》的出現而進入另一階段。跟很多港片不同，電影沒有賣弄、消費任何澳門元素，拍出了一個平實、獨特而饒富意義的澳門故事。電影改編自澳門作家廖子馨的短篇小說《奧戈的幻覺世界》，由大陸導演張弛執導，講述澳門回歸之前，一個自小被華人家庭養大的土生葡人奧戈知道生父另有其人，一直想尋索根源的他終於踏上葡萄牙之路，找尋生父。作為有官方資金支持的慶祝澳門回歸十周年之作，此片毫無半點主旋律味道，反而是以回歸前的不安、灰暗、徬徨，去回應回歸十年後的澳門。電影填補了澳門創作的一個空白：困擾了澳門人廿年的問題，纏擾了澳門人廿年的心事，都被電影說破了。

《奧戈》填補了什麼空白？不如從《阿飛正傳》說起。時值一九九〇年，正是六四事件後香港人心最徬徨之時，王家衛的《阿飛正傳》在爭議聲中誕生。片中的旭仔什麼都不在乎，他一心只要尋回根源——她的生母。然而，他的追尋落空了。電影中，多次出現的大鐘，以及不同人物多次的詢問——「現在幾點鐘？」表現出對時間的焦慮，一種九七前的倒數心情。片中的人物，多處於漂流或無家的狀態：旭仔遠走菲律賓，阿潮要當海員，蘇麗珍從澳門到香港工作，露露踏上了注定落空的尋人之旅。類似的人物、情節、對白，全都在《奧戈》中出現：奧戈尋找的是生父，戲中人也常問起時間，他們每每在回家與離家之間掙扎，尋尋覓覓……

《奧戈》探討澳門人的身份困惑，有如澳門版的《阿飛正傳》。

《阿飛正傳》的時代意義，是點出了當時香港人的認同危機與漂流狀態。當時，幾乎是一整個年代的香港電影都在處理相類似的議題：關錦鵬拍出了《人在紐約》，中港台的華人沒有例外地無根漂泊；許鞍華拍出了《客途秋恨》，從英國、日本、大陸到澳門的旅程，只為尋索一種香港身份；嚴浩拍出了《似水流年》，一個香港女人在一次回鄉之旅尋找心靈歸屬與兒時回憶。在徐克的世界，無論是清末的亂世，或是未來的妖獸都市，反映的都是香港在歷史夾縫中的處境。這種焦慮，刺激了很多導演創作，形成九十年代香港電影的一道至今為中外學者津津樂道的風景。但反觀澳門，雖然跟香港的情況不盡相同，但難道我們就沒有身份認同的問題？難道當時的移民潮沒有帶來漂泊感？

這就是《奧戈》的意義：多年來沒有被好好表達的澳門人心情，它一如《阿飛正傳》用委婉的方式道破了。就像旭仔表面看來與一般香港人無關，奧戈的故事彷彿只是一小撮澳門人的事，但事實卻非如此。面對回歸，奧戈這個土生葡人的焦慮也是很多澳門人的焦慮：我們的身體要歸屬何地（要移民還是不移民）？我們的心靈要認同什麼（是澳門人、中國人，還是中國澳門特區人）？電影的場景很有點題作用：奧戈是海關關員，他有時看到大排長龍的過關人潮，有時又獨對空無一人的出入境大堂。一個時代的人心躁動，表現在海關這個流動之地。

電影中，一邊打麻將一邊閒聊政治大事的場面，也是《奧戈》的澳門人心聲所在。香港詩人兼學者也斯曾這樣評《阿飛正傳》：電影表面上沒什麼戲劇性，但它其實在抗拒一種政治的宏大敘事，也就是用「無故事」抗拒「偉大敘述」[1]。《奧戈》表現了土生葡人面對回歸的無力感，政治大事只是電視機上的報導，民間又另有複雜心情。

這一筆書寫，得到不少澳門人的共鳴，當時很多專欄作者都談到《奧戈》：作者花語從當天的奧戈看到今天的澳門人，兩者同樣身處自身的城市而感到疏離：「回歸前的葡裔人士如此，回歸後的澳門人也是如此。」[2]另一作者翠菊則對澳門發問：「這還是我土生土長的地方嗎？原來，我們已經不知不覺地成為了奧戈的化身。」[3]當《奧戈》書寫的似乎只是二十多年前的某一小撮人，它巧妙地代表的其實是普羅大眾在歷史洪流中難以言喻的心情。

奧戈不是電影中唯一面對流動的徬徨的人，片中幾乎每個人物都身處流動狀態。有人從澳門遠走葡萄牙，有人從大陸移居澳門。電影觸動人心的一幕，是奧戈跟一個大陸女子在酒吧的對話：她說，如果留在家鄉，她可以預見二十年、四十年都過著同

1 也斯，《香港文化十論》，杭州：浙江大學出版，2012，頁2至8
2 花語，〈身份與認同〉，《澳門日報》，2009年12月27日
3 翠菊，〈土生〉，澳門日報，2009年12月22日

樣的日子，因此她要離鄉闖一闖，奧戈卻回應道，也許一種沒有變化的生活才是最幸福的呢。這場戲把《奧戈》的意義從本土提昇至全球。在這個世代，流動已經不只是特殊政治環境下的產物，而是一種普世現象。然而，當整個世界的流動性越來越強，根源與歸屬卻又越來越被渴望。到底是可以流動比較幸運，還是死守一個地方最快樂？這是這個時代的不解難題。

在身體與身份認同都在流動之時，《奧戈》進一步說明：文化從來都不是靜止的，它也處於變動的狀態。麻將桌上談論葡國雞的段落，微妙地預言了奧戈尋索根源的失敗；幾個土生葡人談到，在葡萄牙是吃不到葡國雞的，那是一種土生菜式，是文化混合體[4]。當奧戈真的遠走葡萄牙，以為會找到真正的家，這個地方卻處處令他感到陌生。他早該知道葡萄牙沒有葡國雞，在里斯本要打麻將也只能去一個叫「澳門之家」的土生葡人俱樂部。雖然有葡國血統，但他身上已有不同異文化的痕跡。

《奧戈》反思什麼是家，什麼是文化根源，但並不提供切實答案——因為這些問題根本是無解的。最後，奧戈決定不去見生父，因為生父是誰已然不重要，他已經領悟到那條「根」不可能就好端端在葡萄牙等他。土生本來就是多元文化混雜體，勉強去定義什麼是它的「根」是徒勞無功且沒有意義的事。而澳門人與澳門文化，也是如此。

## 由「外人」書寫的澳門

以《阿飛正傳》為代表等的一系列香港電影，書寫的不只是香港的問題，而是從殖民走到後殖民、再加上全球化洗禮的整個世代的文化問題。英美學術界對香港電影及其表現的當代文化的興趣，多年來有增無減。在這方面，因為創作不蓬勃，澳門空白了很多年。《奧戈》填上的這一筆，不只讓澳門的某片空白得到著色，它還在全球文化的地圖上，點出了澳門的位置。

二〇一〇年夏天，《奧戈》入選捷克卡羅維發利（Karlovy Vary）國際影展的正式競賽項目，我也參與其中。身處這國際影展，在一個偌大的劇院跟西方觀眾一起看《奧戈》的經驗是很奇妙的。那種奇妙，不只是因為在一個東歐國家的電影銀幕上認出熟悉的澳門風景，還有的是看到一個沒太多人關心的澳門故事如何被帶到國際舞台上，而又得到西方觀眾的認可。電影雖然沒有得獎，但在官方刊物上，好幾個國際影評人都給《奧戈》甚高評價。

《奧戈》帶出一個問題：談到本土書寫，當然最好是本地人寫本地故事，但如果由

4 有關土生葡菜葡國雞的文化背景，請參閱本書第一章。

所謂的「外人」來書寫澳門又如何？《奧戈》的原著作者廖子馨在東南亞國家長大，成年才移居澳門，移居者的身份令她對身份認同、文化歸屬等議題特別敏銳。這篇小說寫於一九九七年，當時澳門面對回歸，有那麼多題材可寫，她偏偏看上了土生葡人的身份錯亂與文化混雜。這部小說後來還被法國人相中，出版了法文版。

大陸導演張弛最初接到《奧戈》這個戲時也非常猶豫，他對這題材很陌生。後來，他到摩洛哥參加一個法國人辦的影展，並跟主辦單位談起《奧戈》的構思，結果法國人對這個澳門土生故事大感興趣，因為法國也有它跟前殖民地的複雜關係，這令他發現這個有關殖民歷史傷痕的故事，不會局限在澳門[5]。張弛為電影注入了不同視角，片中兩個從大陸來澳門的女性角色，在在深化了整部片的主題。

在捷克的首映禮上，主持人這樣介紹《奧戈》：因為捷克曾經被德國佔領，因此不少捷克人的姓氏是德文，他的名字就是一例，這有時造成了他身份困惑。短短的一番話，證明了他看《奧戈》的收穫不只是令他認識了遠方的澳門，而是令他看到了自己的歷史文化。這電影的普世價值，在此已經彰顯。

這也許就是「不識廬山真面目，只緣身在此山中」，原來，所謂外來者的眼睛的確有穿透力，《奧戈》的強項就是從澳門看世界。導演張弛不只把它當成一個澳門故事，而是把它放在一個全球的脈絡去看；片中土生葡人面對九九回歸的迷惘，帶出的是不少現代人都會感受過的對自身城市的疏離，是不少經歷過殖民時代的人都會有過的對身份的追問、對根源的探求，還有的是在今天的全球化世代的流動故事。這些視角，在很多澳門電影中都是缺席的。

一個曾經被殖民的地方如何自我書寫？這是後殖民研究的重要議題。因為，殖民者通常會抹去了殖民地的自身歷史，甚至是其文化及語言，因此，後殖民的創痛不只是曾經被佔領，還有其文化歷史與自我書寫能力的喪失。而澳門的問題，一方面是回歸前本土歷史不全，另一方面回歸後又被宏大的國族論述掩蓋；這樣的夾縫中，澳門人本身沒多少書寫自我的空間。

兩位後殖民大師史碧華克（Gayatri Spivak）及霍米巴巴（Homi Bhabha）對此的見解有所不同：前者對於曾被殖民的從屬者的自我發聲，並不感到樂觀，因為早有其他強而有力的論述掌握了他們的故事[6]；後者卻相信殖民歷史帶來的混雜文化及矛盾身份，會成為一個地方在文化上的抗爭活力[7]。澳門是屬於哪一種？這個問題不能輕率

5〈在澳門拍片，在手心跳舞：訪《奧戈》導演張弛〉，《澳門日報》，2010年7月29日

6 Spivak, G. C. (1999), *A Critique of Postcolonial Reason: Toward a History of the Vanishing Present*, Cambridge: Harvard University Press

7 Bhabha, H. (1994), *The Location of Culture*, London and New York: Routledge

回答。不過，可以肯定的是，從《奧戈》可知，澳門的故事絕不應被小看，它有其世界性，可以感動遠在地球另一方的人。

## 對澳門愛恨交纏：《骨妹》

與《奧戈》不謀而合，電影《骨妹》也是回到九十年代去尋找澳門故事，並同樣觸及九九回歸，不同的是，這次執導的人是澳門土生土長的八〇後女導演徐欣羨。電影二〇一六年底在澳門國際電影節首映，觀眾的啜泣聲此起彼落，結束時，觀眾鼓掌達三分鐘之久。的確，《骨妹》是個動人的愛情故事，但它又不只是愛情故事，電影著墨更深的，其實是一個人跟一個城市的分分合合、愛恨交纏。電影的真正主角，其實是澳門。

戲中，梁詠琪飾演澳門人詩詩，她年輕時在骨場（按摩院）做骨妹（按摩女郎），並跟幾個骨妹結為好友。幾個好姊妹中，她跟靈靈同住，感情最好，甚至發展出介於姊妹與情人的曖昧關係，後來兩人更合力照顧靈靈那生父不明的小孩，帶來女同志家庭的想像。但在九九回歸前，靈靈揚言要結婚，並要把小孩送到大陸給親戚帶。當時，正有台灣痴心男子向詩詩求婚，她看到靈靈對小孩無情，氣忿又傷心，也就毅然決定嫁去台灣，十多年來都沒有回過澳門。直到有一天，她得知靈靈意外身亡，才回到這小城重訪舊人、舊事、舊情，最終確認她跟靈靈之間的愛，決定留在澳門。

《骨妹》穿梭兩個時代：回歸前，澳門經濟蕭條、治安敗壞，三不五時就發生黑幫槍擊案，骨場的生意大受影響，幾個骨妹考慮離開澳門，有人更密謀去日本工作，而詩詩亦嫁到台灣。慶回歸的煙花燦爛，對比的是一個人跟一座城的決裂。近幾年，澳門人充滿懷舊情緒，彷彿以前那個澳門有多美好，然而，《骨妹》細緻呈現九十年代的澳門卻不是為了懷舊，因為過去並沒有被美化。相反，電影強調當時的社會不安、人心惶惶。

這種對澳門的離心，延續到今時今日。詩詩十多年後回到澳門，入住豪華賭場酒店，走在擁擠的遊客區新馬路，她感到渾身不自在——這個是家嗎？這根本比異鄉更陌生。電影觸及在澳門轟動一時的新聞：傳統市集桃花崗被發展商收回並清拆，至今仍有爭議。有一幕，詩詩重回只剩下一兩個攤販的桃花崗，回憶當年曾經在那裡留下的歡笑，也悼念一個逝去的澳門。於是，另一片空間——台灣——就成了可能的救贖。

電影中的台灣是澳門的平行時空：詩詩在台灣的寧靜鄉郊經營一間民宿，加上有個台灣男友像守護天使般無微不至地照顧她，這理應是天堂生活，也是今天不少港澳人夢寐以求的。然而，這樣的天堂又似乎缺了什麼。詩詩在台灣酗酒，常在家跌倒，男友因此在樓梯鋪了軟墊，以防她受傷。問題來了：既身在台灣，又有痴心漢在旁，她有什麼心結難解要酗酒？

原來，她忘不了靈靈，也忘不了澳門。多年後的回家之旅，詩詩終於揭開了真相——原來當年靈靈並不是要結婚，也不是要送走小孩，她為了詩詩的幸福，撒謊令她嫁到台灣。終於，詩詩確認了她對靈靈的愛，但兩人已是陰陽相隔。最後，詩詩決定捨棄台灣這天堂以及那個暖男男友，留守澳門，與當年的兩個好姊妹重聚，並接手經營一間充滿回憶的舊區老餅店。

這樣的結局有兩重意義：首先，美好台灣的誘惑對今天的港澳人來說是心有戚戚焉的，移民台灣是坊間熱門話題，香港媒體也有不少相關報導。然而，詩詩最後選的卻是令她大皺眉頭的澳門，除了因為舊愛，也是一份本土認同。而在愛情方面，這是個悲劇結局：詩詩最後孤身一人，恨錯難返。但從另一角度看，這又是個另類的大團圓結局。

所謂的大團圓，是詩詩跟澳門再續再緣。雖然跟所愛的人永別，但她找回了舊情、舊店、舊友，更重要的是，她找到自己，明白了自己的情慾取向。最後，當她坐在舊區老店，賣著當年跟靈靈吃過的傳統葡式餅食，她面露淡然但滿足的微笑。此時此刻，愛情的遺憾彷彿因為她跟這城市重修舊好而得到彌補。然而，在去與留之間，電影卻絕非一味主張回家。詩詩與她當年曾照顧的靈靈兒子相認，重新建立關係，當這個年輕人走出喪親之痛，他卻不是跟詩詩相依為命，而是去了環遊四海——雖然，他的亡母曾經希望他考公務員過穩定生活。守在老店的詩詩把一張張他從不同地方寄回來的明信片釘在牆上，面露欣慰。

這是《骨妹》的本土觀進步的地方：它一方面強調家的不可取代，但另一方面，電影又鼓勵遊歷四方。詩詩離開十多年，有了時空距離，才能確認對澳門的愛；而這個年輕人浪跡天涯，他的明信片則成了這間老店的一道風景。這間店充滿異國色彩：前老闆是葡萄牙裔，賣的是葡式糕點，後來牆上又有一張張異地明信片。作為電影中的本土象徵，這間店的文化痕跡一點都不純粹，這是一種混雜多元文化的本土。至於那個年輕人，他最後會回到澳門嗎？他會對這片舊區念念不忘嗎？誰知道呢。也許他自有他對「本土」的詮釋，在西藏或西班牙找到他的「家」。總之，有人決定回家，是因為忠於自己，有人決定離家，也是忠於自己。沒有標準答案，沒有誰比誰更高尚。

《骨妹》是澳門文化局首屆電影長片製作資助計畫的入圍者。得到政府一百五十萬澳門幣資助，再加上香港電影公司出資，初次拍劇情長片的徐欣羨展示才華，敘事流暢，感情戲拍出感染力，調度演員亦有一手。九十年代的少女骨妹戲既是鮮活好看，中年骨妹戲也拍出情味。兩個新人余香凝及廖子妤令人眼前一亮，產後復出的梁詠琪不施脂粉，是她自《心動》之後的最佳演出，而澳門演員劉漪琳、李嘉偉的演出亦恰到好處。

徐欣羨用這部電影給澳門寫情書。這位年輕女導演在澳門土生土長，中學就開始用最簡陋的器材拍短片，後來到台灣及香港讀電影，練得一身武功。觀眾為《骨妹》落的淚，也是為澳門而流的。而且，這故事觸動的亦不只是澳門人，香港觀眾也感同身受：戲中人對澳門的愛與恨、關於去或留的掙扎，以及因為澳門十年巨變而感到的失望與無所適從，都在迂迴地映照香港人的複雜情感——香港

《骨妹》講一個澳門人跟澳門重修舊好的故事。

人跟戲中骨妹一樣，都曾經在回歸前考慮移民、或者已經離開香港；到了今天，香港人又好像骨妹，雖然處處受不了香港的變化，但最後卻仍願留下，只因對這城市有愛。

「原來過得很快樂，只我一人未發覺。」電影中，幾個青春少艾的骨妹在九十年代的卡拉OK高唱廣東歌《再見二丁目》，完全是少年不知愁滋味，因為，當時她們不知道她們的人生、這個城市、這個世界往後的變化。最好的時光，往往是在驀然回首才看得清，愛情如是，一個城市的興衰也如是。在歌聲中，在骨場中，我們見到一個實在的澳門。

## 第三節　古地圖與冷酷異境：澳門繪畫

跟電影一樣，美術創作也跟社會變化有微妙關係。印象派的出現，是因為十九世紀歐洲新興的城市文化需要截然不同的作畫方式來表達；達達主義的興起，展現了一次世界大戰之後，瀰漫在整個歐洲的幻滅感與虛無主義。一個處於劇變的社會，常常呼喚創作人以全新方式回應社會與文化的轉型。過去十年，澳門畫家就用不同風格描繪出異樣的澳門。這些作品都甚具本土特色，但同時又有普世意義。

### 閃亮賭場與孤獨小鳥

澳門畫家袁偉業在二〇〇八年舉辦個人畫展，大部分作品以當下的澳門為題材。造型奇特的賭場，常常跟孤伶伶的、黑漆漆的小鳥形成強調對比；那些賭場越是金光閃閃，畫中的小鳥就越是孤寂落寞。作者簡略的筆觸與灰暗的調子，刻意跟傳統的審美標準保持距離。

對澳門人來說，畫中的澳門既陌生又熟悉。在獨特的畫風之下，這城市看來是陌

《第二次殖民》（袁偉業畫）

生的。但另一方面，這些作品又令人產生熟悉感，我們或會心微笑，或同聲一嘆，因為，畫中那用金黃色與灰黑色對比出來的奇異景象，正是這個城市的寫照。袁偉業的畫呈現了某種「心象」——一種澳門人的心靈狀態。

《木馬屠城》中的灰黑色調中，唯有那澳門人都認得出的賭場符號在閃亮著。《覓食》的八成畫面是一隻小鳥在昏黑的環境啄著幾粒米，上方隱約有兩個人影在黑暗中交易一袋金子，背景就是模糊的澳門城市剪影。《第二次殖民》的畫面分成分成左右兩半：右邊在一個大鳥籠中有不同賭場的符號在閃亮，海上有一艘大型遊輪，左邊則是一隻小鳥站在一片灰暗的枯樹林前方；這張畫繼續以灰黑與金黃的對比，點出了城市的富裕與貧窮，並帶出了外來者這角色，那可能是當年的殖民者，又或是今天的外資或遊客。

那隻燦爛城市中的孤寂小鳥，表現了個體在資本主義社會中的疏離感，城市人在拜金社會中的無力感，以及那繁華的城市與虛空的心靈的對比。那種鬱悶其實是普世的，分別只在於，對澳門而言那主角是賭場，對香港人而言可能是滿街的購物中心，對紐約人而言可能是華爾街。而在澳門，這種反差尤其強烈。

那次畫展中的點題之作是《向上爬》。一隻孤獨的鳥，獨自竚立在高聳的光禿樹幹上，樹的頂部，有一個遙不可及的金黃果實，在遠方則是隱約可見的繁榮景象。很簡

《向上爬》（袁偉業畫）

單的構圖，很簡單的訊息，如此有力而一針見血：繁華盛世並不屬於城裡的每個人，多少人在富裕澳門過著貧窮生活，多少人在熱鬧城市感覺孤單疏離。如果把背景換成東京、香港、洛杉磯，這幅畫大概也會得到不同國家的人共鳴。

袁偉業創作這系列作品，正是眾多大型外資賭場登陸澳門之時，這些畫作可說是澳門最早一批有意識地跟這個崛起中的超級賭城對話的視覺藝術作品。我把這些畫稱為「小鳥系列」，當城市越來越繁華富裕，小鳥的世界卻是越顯得灰暗。早在逾十年前，袁偉業就用了粗糙的筆觸與大膽的構圖察看澳門變化，也觀照自己的心，而最後畫出了當代城市人的鬱結。

## 古地圖遇上現代城市

驟眼看去，那是一張張澳門古舊地圖。然而，在褐黃色的地圖上卻是新建的賭場、高聳的旅遊塔、擠滿巴士的馬路。這系列名為《樂園》，是對今天澳門——以至世界問題——的探問。

澳門年輕畫家霍凱盛幾年前在被稱為「插畫界奧斯卡」的義大利波隆那插畫展獲獎，在全球數千位畫家中脫穎而出。當時，有三千多人參加這個國際級插畫展，只有

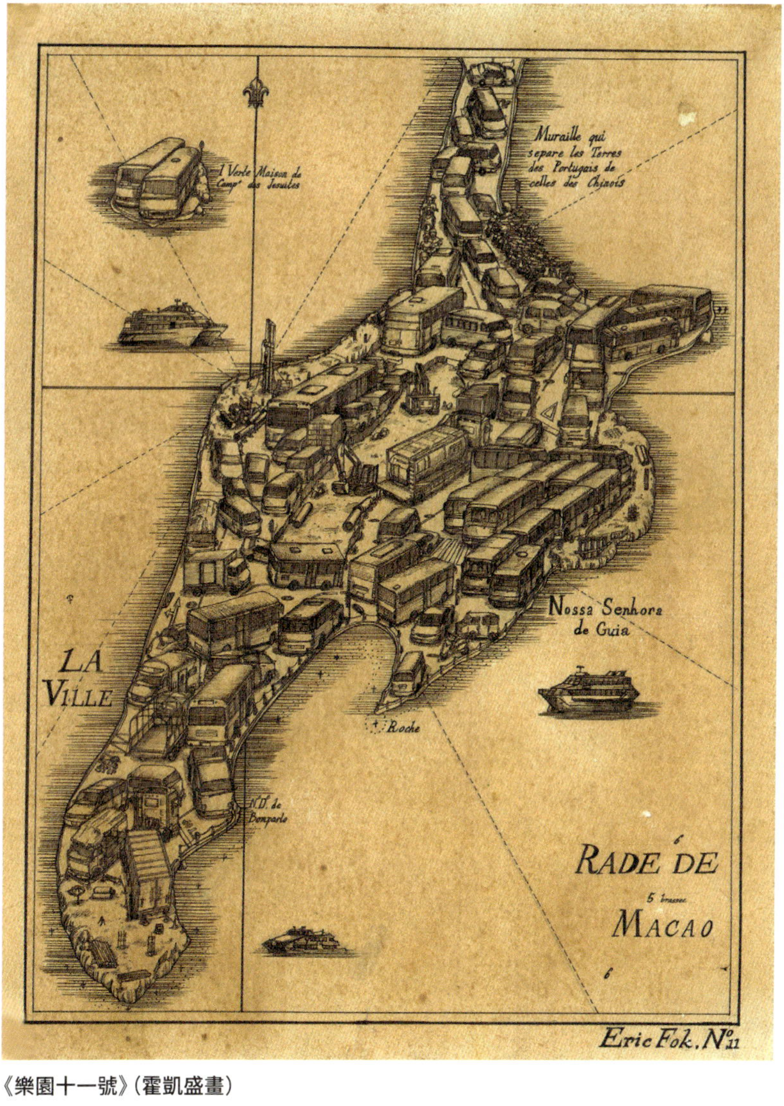
1 Verte Maison de
Campe des Jesuites
Muraille qui
separe les Terres
des Portugais de
celles des Chinois
Nossa Senhora
de Guia
LA
VILLE
Roche
RADE DE
5 brasses
MACAO
Eric Fok. No 11

《樂園十一號》（霍凱盛畫）

七十多人獲選，其中有兩位華人：一位是台灣資深插畫家施政廷，另一位就是霍凱盛。這個得獎的《樂園》系列用的是仿歐洲古地圖的畫風，探討的卻是當下的城市發展問題。

這種「古法今用」的方式很適合描繪澳門，因為古地圖對澳門有特別意義。作為第一個有歐洲人進駐的中國城市，澳門是歐洲航海歷史的一個不可或缺的地方。時至今日，葡萄牙首都里斯本有個紀念航海時代的「發現者紀念碑」，而在雕像旁邊的廣場上，則有一張馬賽克大地圖標示葡國人「大發現之旅」的路線，澳門就是中國唯一被標示出來的地方。

澳門這個沿海小城遇上了從歐洲出發、越過非洲、再來到亞洲的葡國航海家。歷史上，澳門是歐洲國家在東亞的第一塊領地，也是首批被歐洲人在地圖上標示出來的亞洲地方。今天，澳門市中心議事亭前地一帶的黑白相間地磚砌出的波浪及海洋生物等圖案，正是說明這段歷史。

霍凱盛以古地圖的方式，先勾起有關澳門的中西交流史、歐洲航海史，以至後來的殖民歷史。然而，出乎意料地，他的古地圖卻又在展現今天的澳門：例如《樂園十一號》畫出澳門半島如何被巴士與旅遊車擠滿，《樂園四十五號》突顯出澳門的幾個巨型的賭場酒店，至於《樂園十二號》則把機場、三條大橋及澳門蛋體育館等大型基礎建設盡數畫出。至於澳門多次填海帶來的海岸線變化，也在這些作品中呈現。

這種穿梭古今的不協調感，點出澳門成為世界第一賭城之後衍生的問題[8]。霍凱盛在他的個人作品集這樣說：「在澳門這紙醉金迷的時代，利益誘惑相當大，我們可以做什麼？我們可以改變什麼？我自問沒有勇氣站出來吶喊，我可以做的，也許只是用我的畫筆，把我對這社會、這世代的思考與疑問，紀錄下來。」[9]

處於中國沿海的澳門，在古代因為其地理位置而迎來航海家及殖民者，而今天又引來了大量遊客與外資，發生巨大變化。小小的澳門，在地圖上三面環海，無論古今都受外來者影響，改變了這城市的面貌。這些作品一片黃褐色的和諧，只是遠觀的錯覺；只要細心一看，其實作者已用精細鋼筆把旅遊車與賭場的面貌描繪出來，這種不協調與荒誕感正是今天澳門的社會矛盾所在。

這些作品以一種嶄新的視覺風格去提供一種想像澳門、思考澳門的視角。霍凱盛點出的澳門問題不是沒有人談過，但用這種手法呈現卻是前所未有，作者在視覺上開創了呈現澳門的方式。另外，這些作品被歐洲評審賞識，顯示了它們的跨地域性。今

8 有關澳門開放賭業市場之後衍生的各種問題請參閱本書第二章。

9 霍凱盛，《樂園：當古地圖遇上現代城市》，香港：三聯，2016，頁15

天，全世界都在反思城市發展，越來越多人有文化保育意識，一個古城如何面對高速發展的衝擊，便不只是澳門的問題。這一點，大概是這些作品在畫工精細、創意豐富以外的致勝原因。

在二〇一三年入選波隆那畫展之後，霍凱盛把他的畫筆伸向其他地方。他畫的香港、台灣、新加坡、紐約、法國及葡萄牙，都跟殖民歷史有關。他繼續以古今交錯的方式去呈現這些他稱為「大航海時代生成的城市」[10]。近幾年，這些作品在世界各地展出，仍然屢獲好評，說明他的畫並非只為澳門而畫，而是可以成為一種回看歷史、探問當下的思考方式。

在古地圖系列獲得不少肯定之後，霍凱盛探索其他題材，一改他多年來的古地圖作法，而把視點從遠方高處拉近，呈現人物動態——一個個動起來的古代人。他繼續利用視覺上的不協調來引發思考。西洋古典繪畫中的人物常常是靜止的，但他卻讓這些穿歐洲古裝的人動起來；他們有的在追巴士，有的在等電車，有的在搬貨，有的在行走，頗為忙碌。

再次，我們從中看到城市問題（例如霍凱盛一直關注的交通問題），另一方面，我們也從這些動起來的古人身上，看到一種只屬於現代人的速度感。現代社會講求效率、速度、繁忙，已成金科玉律。當生活步調緩慢的古代人也跑起來，這種奇異的動態畫面思考的是今天世界的速度——包括個人層面的生活節奏，以至整個世界的發展步伐。

曾經盛極一時的殖民時代雖已過去，但那段歷史遺留下來的痕跡，仍然深深影響著當下世界。今天，在很多國家地區，當殖民歷史還未被好好梳理，又要面對新一波的全球化浪潮；殖民者與被殖民者，也許只是換了一種方式延續著數百年前的權力結構，而很多地方的人則仍活在殖民主義的餘波中——無論是在政治、經濟、文化或心理上，有學者把這種狀況稱為「後殖民狀態」。霍凱盛的畫作，不只在視覺上帶我們穿梭古今，也讓我們在歷史與當下之間徘徊沉澱，思索世界。

什麼是「樂園」？當年，葡國人曾把澳門命名為「天主聖名之城」，今天澳門則是世界第一賭城。樂園是宗教之地？是殖民者眼中的佔領地？是紙醉金迷的賭城？還是個滿佈高樓的現代城市？樂園與失樂園之間，又是否只是一線之差？現代城市發展，應該何去何從？在這個危機叢生的世代，霍凱盛這些畫作帶我們在古今之間沉澱思緒，思索未來。

---

10 同上，頁67

# 澳門變成冷酷異域

除了霍凱盛，另一個近年冒起的年輕畫家是土生葡人蘇文樂（Filipe Dores）。當霍凱盛陌生化了古地圖，蘇文樂則陌生化了澳門最平常的城市景觀。他的作品營造出一種異常獨特的氛圍，同樣呈現一個我們不曾見過的澳門。

蘇文樂借用的是建築圖則的模式，視角總是從正前方呈現建築物，構圖四平八穩。雖然是水彩畫，但線條色彩非常明晰，似乎沒有奔放創意。然而，原本硬梆梆的圖則線條在他手上卻有了濃烈的情感氣氛。他畫的是我們熟悉不過的澳門景觀，例如郵政局、葡文書局、西灣海邊等，但畫中全是夜深人靜的澳門，整個城市空無一人，只有冷冷的燈光照射，令人彷如置身異域，熟悉的街頭竟成了另一個世界。那麼現實的素材，在他的用色與筆法之下卻有了超現實感覺，孤寂冷酷得彷如外太空。

澳門藝術評論人寇塞羅這樣形容他的作品：「（蘇文樂）將一個地域的三維立體面貌『縮減』至二維平面，從而營造從三維維度過度到虛幻、模糊、沒有人跡的平面維度的氛圍；藉此在猶如奇異現實場景的都市景貌中，喚出所缺失的人跡以及人之存在。」[11]

的確，蘇文樂把澳門變成奇異虛幻空間，手法前所未見。

例如《一九九九年十二月》畫的是文化遺產陸軍俱樂部[12]，十二盞路燈照射著這

《Working Alone》
（蘇文樂畫）

11 寇塞羅，〈序言〉，刊於蘇文樂「景貌、透明與幻象」個人展覽場刊，2017
12 有關這座老建築的介紹，請參閱本書第一章。

粉紅色的建築，背景是一片深不見底的黑；我們如此熟悉的建築，竟滲出鬼影幢幢的魅幻感。《Working Alone》畫的是市中心的葡文書局大樓，照樣是夜深無人的狀態，但高樓中卻有一扇窗戶裡開了燈，可能有人通宵工作，也可以是詭異情節。我特別喜歡的是《Which Payphone is Ringing》，漆黑中有並排的五座公共電話亭，各自透出機械式的陰冷之光。在手機盛行之後，已幾乎無人使用電話亭，它某程度上已是歷史遺跡，但在夜幕低垂之際，會不會有人來打電話？又會不會有電話響起劃破漆黑與寂靜？那麼熟悉的城市景物，竟是引人遐思奇想，而電話聲的聽覺想像更為此畫增添了感官趣味。

蘇文樂的畫作出現的背景，是澳門在二〇〇五年登上世遺之後，民間對老建築增加了認同，對城市空間增加了敏銳。此後，很多人捕捉這些世遺建築的優雅美態，很多人拍攝澳門的小街小巷，但一幢幢老建築及一條條街道落在蘇文樂手上，卻成了冷酷異境。在一種本土意識的覺醒下，他的作品說明了本地藝術家不甘於以平俗視角觀看這個城市，而他就成功地探索出一種獨特的繪畫澳門的方式，酷愛哲學的他從澳門平常的街道風景去進行深沉思考。

看他的畫展，在那些大幅作品面前，我不自覺地屏息靜氣，感覺好像被吸進畫中那奇幻世界。這些畫一方面很本土，讓我們從另一角度靜觀澳門，另一方面，他曾連續兩年在英國皇家水彩畫家年展中獲獎，說明那種情感與境界被外國評審認同與欣賞，其價值絕對可以跨越文化與地域。

藝術創作從來不是獨立事件，總是聯繫社會發展、世界潮流，甚至是歷史大勢。傅柯的微觀權力分析、羅蘭巴特的符號學、黃仁宇的大歷史觀，都告訴我們見微知著的重要性——最微觀的東西往往可以表現最宏觀的權力、文化、歷史。因此，我們今天才可以從印象派畫家雷諾瓦的作品，看到十九世紀巴黎人的生活型態與文化風尚；可以從杜象的小便池《泉》看到戰後的反叛思潮；可以從楊德昌的《海灘的一天》看到八十年代台灣電影與社會的巨變。

袁偉業、霍凱盛及蘇文樂的作品，展示的也不只是藝術家的成長與作品的突破，還有澳門一個時代的變化，以及它們連結的世界趨勢。從心靈伸展至文化，從作品看到社會，這就是藝術的魔力。而澳門視覺藝術家已經有能耐展示這種魔力。

## 第四節　大世界娛樂場：澳門戲劇

澳門以往的劇場作品有的探討自我，有的探討愛情，有的探討人生，但偏偏甚少對自身的城市發問。然而在過去十年，澳門劇場人終於摸索出跟澳門對話的方式。

資深劇場人陳栢添曾表示九十年代的澳門劇場重視實驗性，在藝術風格上摸索，同時也演出了不少改編劇本，而現今的趨勢則是關懷本土問題與思考社會現象[13]。當年的澳門戲劇有兩種傾向：第一種嘗試在藝術上革新，把西方現代劇場帶進澳門，另一種則接近傳統戲劇，重視所謂的好劇本、引入人勝的起承轉合、立體的人物刻劃等。在這兩種創作傾向中，本土議題都是缺席的。澳門劇場曾經有種「社會盲」，創作人只看到戲劇，看不見社會。

然而，情況在最近十年有了明顯的變化，在二〇一三年的澳門藝術節尤其明顯，當時好幾個本土劇場作品都有個共通點：雖然題材各異、風格不一，但它們都在嘗試跟澳門對話。其中一部作品《通知書》的導演之一許國權在演出場刊這樣寫：「多年前在圖書館發現了哈維爾的劇本《通知書》，一直奇怪為什麼沒有本地劇團把它搬演——因為它簡直像是為澳門的社會、人心度身訂造的。」

這番話帶出一個問題：經典是一直在那裡，它跟澳門的聯繫也一直存在，但為什麼到了二〇一三年才有劇團決定搬演？會不會在劇場內外有股關注社會的氛圍，促成了改編演出？

那一年，藝術節的幾個本地作品都抓緊劇場跟社會與本土文化的關係：曉角劇社的《通知書》以捷克名作家、前總統哈維爾的劇本，影射澳門的政府運作與社會風氣；土生土語劇場的《投愛一票》以嬉鬧方式諷刺社會，焦點是立法會選舉；足跡的《大世界娛樂場》直面賭場的人生百態；石頭公社的《影落此城》把居澳印尼作家玉文的詩歌化為舞蹈劇場。四部作品，有改編名著的，有全新創作的，有詩情畫意的，有通俗惹笑的，驟看南轅北轍，但同樣都回應了澳門社會。這是劇場人的一種覺醒，我稱之為近年本地戲劇的一種「本土轉向」。

## 賭城的人心百態

《影落此城》貫徹了石頭公社的兩個創作元素：以城市空間作舞台、以文學作品

13 李展鵬，〈在賭場旁邊栽種文藝：澳門的藝術與文學發展〉，《澳門經濟社會發展報告》，北京：社會科學文獻出版社，2009，頁332

創作舞蹈。這次演出地點是已列入世遺的何東圖書館，導演把詩人玉文的作品化為舞蹈。玉文因排華而移居澳門的經驗，以及她作品中不同文化的痕跡，正正是一種澳門的「本土」敘事——是的，所謂本土有時跟流動密不可分。當這次演出看上了澳門的建築遺產與本地作家，要對話的對象就是澳門文化。

土生土語[14]劇場一向以草根庶民的逗趣方式諷刺社會，《投愛一票》的主題是立法會選舉，劇本用澳門人熟悉的政治事件、社會人物大開玩笑，高官的照片、議員的口音、甚至是那個常在鬧市出沒的示威者都在劇中出現。這一種通俗的、對社會時事敏感的劇場風格，從土生葡人的角度看澳門，是獨有的本土味。

至於《通知書》及《大世界娛樂場》一個改編一個原創，卻有同樣的社會反思力量。前者講述捷克某政府部門推廣一種全新語言，指涉的是澳門社會的歪風陋習：荒謬的行政措施、上班時間都在梳頭的公務員、陰險的人事糾紛，在在令人忘了看的是捷克劇本。而哈維爾的劇本雖然荒誕，但卻不是存在主義式的哲學思考，更多的是對政治社會的發問，跟澳門現況很容易接通。

《大世界娛樂場》的劇場佈置是全劇精神所在：四周是紅黑相間的絨布，地下則是一片綠色，是賭場中常見的俄羅斯輪盤；這個大大的輪盤一直包圍著觀眾。這個佈置說明我們都不免活在賭場的氛圍中，演員不斷的跑圈動作更道出了澳門人有時只是輪盤上的一粒粒身不由己的滾珠。來自馬來西亞的編導高俊耀把多年來思考賭城問題的足跡劇團導演莫兆忠放在劇中。跟其他演員不同的是，莫兆忠始終是抽離於賭場的，而從他口中，亦道出了澳門作為賭城的歷史背景——一些澳門人不知道、不關心的資訊。當不同角色在賭場中迷失，他始終面無表情地冷眼旁觀，而這個人，既是馬來西亞編導眼中的莫兆忠，亦是一部分始終刻意對賭業置身事外的澳門人。

賭業對澳門的影響有多大，人所共知，但劇場人始終甚少去探討賭場員工及賭客的生活與心聲，往往只對他們隨便貼個負面標籤。在澳門，直視賭場故事的劇場作品是何其的少。這正是《大世界娛樂場》的可貴之處：當創作人及觀眾都不關心賭場的庸俗世界，此劇卻放下那種駝鳥政策式的自命清高，戴上了創作人應有的社會觸覺，一一把荷官、編更員工、外籍雇員、病態賭徒等各式人等的故事寫進劇本中，成了難得一見的澳門賭場故事。

這股劇場創作潮，令藝術節這文化盛事不是只有藝術價值高的好戲，而且可以借作品透視今日澳門。香港導演及評論人林奕華曾批評香港的傳統劇團，說他們只管尋找有什麼所謂的好劇本去發揮導演或演員的功力，卻很少思考作品跟社會的關係，

---

14 有關這種瀕臨消失的澳門獨有語言，請參閱本書第一章。

以及在某個時代為何要演某個戲。言下之意，對他們來說，搞戲劇只是表現自我的工具。林奕華的批評亦適用於澳門。然而，在近年的社會覺醒及本土意識中，曾經有「社會盲」的澳門劇場人漸漸開眼了。或許，這可以稱為——本土劇場的一小步，澳門社會的一大步。

## 澳門的共犯結構：《甲戌風災》

澳門人大多不了解自己的歷史，各種創作亦很少以澳門歷史為題。因此，二〇一七年澳門藝術節的戲劇節目《甲戌風災》特別令人興奮，這齣戲宣示了澳門劇場人的本土書寫又提升至另一層次。

甲戌風災是澳門一百多年前的一場毀滅性的風災，摧毀無數建築，帶來嚴重火災，令二千艘船隻沉沒，據說奪去數千人的生命，離島氹仔三分之一人身亡。如此大事，卻是被歷史淹沒，今天知道的人甚少。

把一段澳門歷史搬上舞台，本身就意義非淺，因為時至今日，澳門人的本土歷史知識仍是驚人地貧乏：很多人每天在亞馬喇前地轉車，卻未必知道澳督亞馬喇如何改寫澳門歷史；路過南灣區，我們也許會不經意地看一眼歐維治石像，但很少人知道這航海家跟葡國歷史及澳門的關係；經過得勝花園，學生不會去問這個花園究竟紀念了什麼勝利，這跟附近的荷蘭園又有什麼關係[15]。我們都不知道這個城市的故事——哪怕是最基本的歷史梗概與最關鍵的歷史人物。

然而，《甲戌風災》並不是要講一個歷史故事，而是要談論歷史故事如何被書寫。開宗明義地，此劇不是先把觀眾帶到百多年前的氹仔，而是讓幾個現代創作人討論如何撰寫一個關於這次風災的劇本：這個故事如何寫才會吸引觀眾？人物就怎樣寫才得到觀眾認同？然後，此劇才引出風災故事的幾個重要人物：俠盜飛貓威、葡國軍官塔薩拉、華人師爺及弱女阿香等。整部劇，就在十九世紀的氹仔與今日澳門的兩條敘事線之間穿插。

從一開始，《甲戌風災》就拋出一個「後設戲劇」（meta-drama）的框架：這個劇不是要設法讓觀眾投入，而是刻意要讓觀眾疏離。每當我們覺得那葡人軍官可恨、那劫富濟貧的飛貓威可敬、那弱質女子阿香可憐，台上就有穿梭出現的幕後創作人提醒我們：這個故事是經過戲劇化處理的，很多內容是虛構的。這個論述框架一方面代表了《甲戌風災》創作團隊的自覺——「我們提供的絕非什麼真實版本的歷史呀。」另一方

15 這裡提到的歷史人物及事件，請參閱本書第一章。

面也提醒觀眾對任何歷史論述心存疑問——「你們要對所有號稱是『史實』的東西小心呀。」

有了這樣的歷史態度，丟下了反映史實的包袱，《甲戌風災》就自由地呈現一個獨特的歷史文本，而其中最大的用意就是借古諷今。例如從當年風災講到澳門氣象局曾經在強勁颱風下不顧市民安危，硬是不掛八號風球[16]，又例如從當年兩個平民以垂死的飛貓威來打賭的事嘲諷澳門人好賭兼無情，在別人的危難面前「看好戲」。

全劇最尖銳的嘲諷，就是事件背後的共犯結構：風災帶來死傷眾多，葡國軍官為求政績，強逼富商捐款給市民作撫恤賠償，富商深深明白村民有了錢也會用來消費，賠償金最終仍會回到富商的店裡，因此答應，至於村民則因為貪財而虛報死者人數，以致風災的死亡數字其實充滿水份。如是，一次世紀大災難大悲劇，竟有了皆大歡喜的荒謬結局：市民樂於收錢，葡國軍官慷他人之慨而被稱讚為父母官，商人既沒什麼損失，也得到掌聲。當權者、商人、民間三者形成的共犯結構，共同創造最荒謬的歷史、最奇特的澳門。到了今天，這個結構又如何繼續影響澳門的歷史與命運？

《甲戌風災》帶來了來自歐美的「聲景劇場」技術，以各種道具製造不同的聲音去建構劇場空間，開拓觀眾的感官與想像。這種技術，的確為觀眾帶來了特別的體驗。然而，在技術層面以外，紛陳的各種聲音卻似有弦外之音：那些聲音不只是劇場中的雜音，而是歷史的眾聲喧嘩。當此劇提醒我們歷史都不可靠，它同時也在主動介入歷史書寫，要讓劇場人的聲音在歷史眾聲之中有一席之位。創作人不甘於只講澳門故事，而是要反思並介入歷史書寫。

而除了歷史反思，此劇對劇場創作在社會的位置也有反省。劇中幾個創作人一邊談風災故事一邊質疑戲劇的作用：觀眾看完戲，麻醉一下，明天還不是乖乖上班，繼續讓這個不合理的社會結構運作？而戲劇，是否只能提供一種無用的想像？「比起搵食(工作賺錢)，想像是快樂的。」劇中創作人這樣說。這是澳門戲劇人難得的自省，始終，一般藝術工作者總是容易自我感覺良好。

但是，這種悲觀與無力其實大可不必：社會的變革、歷史的推進，往往就是先由「想像」開始：例如歷史上有人開始去想像女性可以不依附男性，黑人可以不當奴隸，勞工可以有生活保障，同性戀者可以結婚，動物可以有尊嚴地生活，然後有一天，想像會變成民間共識，再變成社會行動、制度變革，水到渠成，世界就會改變。

澳門藝術節這幾年委約本地劇團把澳門文學獎作品搬上舞台，成績不錯。二〇

---

16 有關澳門氣象局的問題，請參閱本書第二章。

一五年有葉玉君在澳門文學獎的得獎劇本《決定。性》被搬上舞台，二〇一七年有滾動傀儡另類劇場的林婷婷（導演）及趙七（監製）把陳鵬之的得獎小說《甲戌風災的那天》化成舞台劇《甲戌風災》，後者更是近年本地劇場的最佳作品之一，尖銳而深刻，直刺澳門問題，令人如坐針氈，思考不斷。澳門故事，不只應該越說越多，還應該越說越複雜，這才是多元開放的本土書寫。顯然地，《甲戌風災》做到了。

## 越邊緣越有代表性：《熊到發燒》

談澳門戲劇，除了有華人的視角，不可不提的還有土生葡人的觀點；土生土語劇場就是澳門戲劇界一股非常重要的另類力量。

在二〇一一年看《熊到發燒》，我百感交集；歡樂、慚愧、感動的情緒如打翻五味架。歡樂的是，這齣劇由熊貓來澳門引發出　連串笑料，我隨著全場觀眾時而大笑時而拍掌；慚愧的是，那竟是我第一次看土生劇場，多年來，我完全忽視了這有趣又豐富的本土文化；感動的是，土生劇場原來如此有活力，這不只是劇場上的力量，還有是對社會問題的觸角，而最後，我竟然在土牛土語——一種我必須靠字幕才看得懂的語言——中加強了我對這城市的認同感。

土生土語是屬於澳門土生葡人群體的一種瀕臨消失的語言[17]，為了文化傳承，土生土語話劇團每年都會在藝術節上演戲劇。《熊到發燒》很容易令人想起八十年代香港TVB的綜藝節目《歡樂今宵》的逗趣短劇。劇情講述一個熊貓主題樂園要開幕，但竟在開幕之前問題百出：首先是來自大陸的竹葉原來是假貨，公司內部員工又因為減薪及工作調動不滿，更重要的是人手不足而沒有外勞名額，於是，他們找來一位艷舞女郎企圖勾引政府官員……。《熊到發燒》從選題開始就甚為有趣：此劇上演之前，兩隻熊貓落戶澳門，連續大半年的宣傳此起彼落，那麼，土生葡人又如何去看這兩隻負載了太多民族情緒與政治符號的動物？

這是一齣瘋狂的處境喜劇，在胡鬧中，幾乎每個笑料都直指社會時事：造價千萬的熊貓館、外勞問題、遊行文化、大陸假貨、日本地震，每個問題都被此劇信手拈來，輕輕嘲諷，這些笑話都笑進澳門人心坎裡了。然而，笑完之後，一首突如其來的歌曲MV又把觀眾從高雅的劇院拉到大街小巷，吟唱澳門故事，高喊「我愛澳門」；一曲唱罷，怨氣紓緩，觀眾帶走的是一種對澳門的歸屬感。此曲打動人的程度，顯然勝過劉德華的《澳門之歌》（一首慶賀澳門回歸十周年的歌）的生硬官腔。原來，當時很多

17 有關土生土語及土生文化的介紹，請參閱第一章。

人仍難以宣之於口的「我愛澳門」宣言[18]，在土生文化中是可以如此自然地存在。

在藝術造詣上，《熊到發燒》可以討論之處並不多，它更像一個綜藝晚會，有話劇、短片、歌曲、模擬廣告。因此，充滿精英口味的藝術標準是不適用的，而我也相信土生劇場並不自命為什麼高雅藝術。相反，它從一開始就是親民的、大眾的，它不是要搞得你目眩神迷的「藝術」，而是要跟大眾溝通的一種庶民文化。然而，沒多少藝術內涵可以分析的《熊到發燒》卻帶來了不少文化上的啟示。

首先，它表現了劇場與社會的互動——尤其是喜劇。從美國默片時代的卓別林，到香港八、九十年代的許冠文與周星馳，喜劇向來是回應社會、評論時事的有力媒介。喜劇的強大社會效果是不言而喻的：它不玩高深，它依靠創作人與觀眾之間對某個社會問題心照不宣的共識去製造笑料。

澳門華人往往視土生葡人是「另一個群體」，土生土語更是絕大部分華人不會在乎的，但為什麼《熊到發燒》如此打動現場的華人觀眾？用著一種瀕臨絕種的語言，土生劇場為何如此活力充沛？這些問題讓有關土生劇場的討論從戲劇提昇至澳門文化——甚至是全球化下的文化發展。土生土語是一種邊緣的語言，而土生文化又是一種邊緣的文化，它似乎只是屬於某一個小族群而已，但是，《熊到發燒》又證明了這種小眾的邊緣文化的普世性。

劇中，不少對白及場景都令澳門人心有戚戚然：一群員工要跟大老闆據理力爭，但罵聲大的人多，願意出頭行動的人少，然後一個土生女人就說：「土生成日話要團結，但係其實個個都唔團結（土生常說要團結，但其實沒有人會團結）。」這句對白，令土生及華人觀眾一起拍掌，因為光說不練、不擅團結正是澳門人的特性。另一場戲，一個清潔工說：「澳門越繁榮，我們就越似奴隸。」這句話也許誇張（但誇張從來是喜劇的慣用手段），卻是一語中的，它跟報紙上的「不少市民分享不到經濟成果」如出一轍。而這種狀況亦不是澳門獨有，貧富懸殊在近十多年的全球化趨勢下日益加劇。細心咀嚼一下，「越來越似奴隸」的玩笑其實也正正是一個人在自身城市感到的疏離感——經濟發展了，市民不像主人，更像奴隸。

這種「奴隸心情」在下半場更加明顯：土生葡人講的土生土語被外籍上司取笑，他們講的英語不被聽懂，他們的葡文又被視為不正統。一位高官的近身助理多次可憐的說：「土生，就是爛命一條（命很賤）」。那種邊緣的位置，那種沒得到任何正統文化認可的困窘，的確是土生族群的特殊歷史處境。然而，當土生角色一再強調這種慘況時，華人觀眾並不是冷眼旁觀，而是心有所感：今天在澳門，很多名店不喜歡招待講

18 有關「我愛澳門」這論述的出現，以及它與本土身份的關係，請參閱第三章。

廣東話的人，不少計程車司機只喜歡載遊客，城中的超高消費也令本地人卻步，那種「爛命一條」、不被重視的心情絕對不是土生族群獨有，而是不少活在底層或有志難伸的澳門華人的狀態。

《熊到發燒》不只宣示了一種劇場的活力，它更證明了一種邊緣角度的洞察力與普遍性；可以想像，土生劇場拿到香港、孟買、東京去演，觀眾仍可感同身受。因為，在這個世代的政治經濟局面中，那麼多人活在邊緣。土生文化作為一種社會資源，它不是一樣博物館中的稀有展品，相反，它為群眾創作，它為社會發聲。雖然我們聽不懂他們的語言，卻絕對可以認同他們的情感，贊同他們的想法。

其實，電影《堂口故事》中土生導演Sergio Perez的〈澳門街〉已經借一個愛情故事說明土生文化是澳門文化的代表，之後的《奧戈》則巧妙地借土生面對回歸的忐忑，去探問全球化下的流動與文化根源問題。無論是作為一種獨特文化，作為一種社會發聲的管道，或是作為一個對文化問題反思的起點，土生文化都提供了鮮活的資源。對土生文化的價值，我後知後覺，因此希望整個社會不會對此渾然不覺。當澳門各個領域的創作人奮力書寫澳門，我們應該珍惜不同的視角、各異的聲音，只有這樣，澳門故事才可以開放、豐富、多元。

# 結語——以澳門之名想像世界

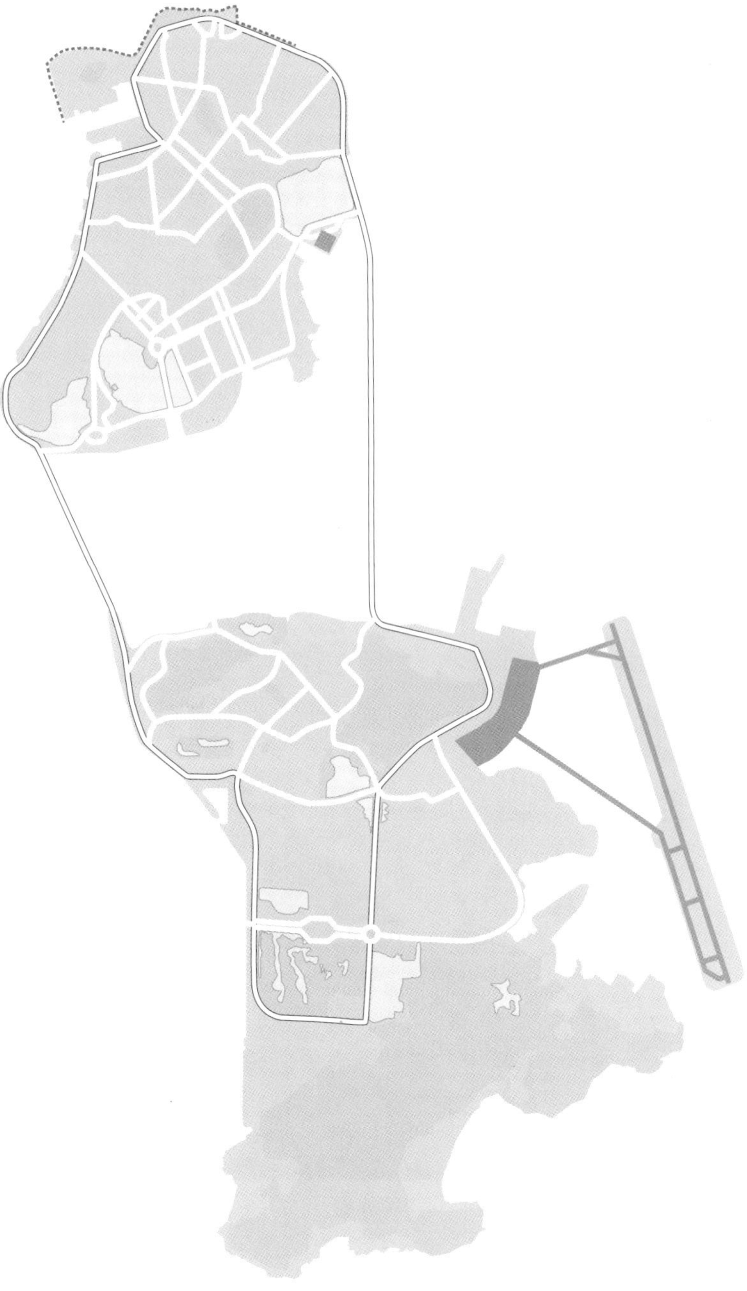

完成了這本書的初稿之後，我去了一趟馬六甲。

當年，葡萄牙來亞洲的路線是先到印度果亞，再到馬來西亞馬六甲，然後來到澳門。這三個城市，都成了葡萄牙的領地。因此，馬六甲跟澳門在歷史上有微妙的連繫。今天，馬六甲仍保留葡國人建的聖保祿教堂遺址，叫 The Ruins of St. Paul's Church，跟大三巴的英文名幾乎一樣！至於葡國人留下的城門，則是將軍亞豐素攻下馬六甲之後所建，現在澳門就有一條亞豐素街，是殖民政府為了紀念他而命名。從澳門的角度去想像馬來西亞，饒富趣味。

不過，葡萄牙佔據了馬六甲一百

馬六甲的聖保祿教堂遺址。(李展鵬攝)

多年之後，荷蘭就取而代之。站在古蹟荷蘭紅屋前，我想到荷蘭如何串起了幾個亞洲國家的命運：在十七世紀，航海業霸主荷蘭多次跟葡萄牙在亞洲爭地盤，他們奪得馬六甲，也嘗試攻澳門，卻敗下陣來，之後轉戰台灣，佔領台南。如果澳門當時也落入荷蘭之手，又會有什麼故事？荷蘭人也會留下一座紅屋或紅毛城嗎？今天澳門會有很多人講荷蘭文嗎？在航海時代，歐洲與亞洲諸國的歷史糾纏不清，至今帶來無限想像。

一次短短的馬六甲之旅，拓展了我對澳門的想像。而這種想像，竟然是千山萬水以外的一個異國城市所啟發的。這再次證明想像澳門必須連繫異國，思考本土必須放眼世界。

我在臉書分享了馬六甲之行的感想，年輕朋友君朗留言說：「我在安哥拉也發現了澳門！」他在倫敦政經學院讀國際關係，最近去了安哥拉做研究，有一天驚然在郵票上發現了澳門區旗。原來，那是當地發行的葡語國家和地區郵電操作者協會二十周年紀念郵票，而澳門及安哥拉兩個前葡國殖民地同屬這個組織，因此在郵票上的眾多旗幟中有澳門區旗。

近幾年，澳門有意發展成中國與葡語系國家的經貿平台，安哥拉亦是合作伙伴。一個非洲國家跟澳門的淵源，竟然延續到今時今日。這中葡平台若是成功運作，未來的澳門又會被滲入怎樣的異文化？遠去的航海時代、當下的全球格局，繼續定義著澳門。

要了解澳門，也許真的要走遍亞洲、歐洲、非洲。要繼續想像、探索、發問的，實在太多了。《隱形澳門：被忽視的城市與文化》這本書分享的觀察及提出的問題，只是思考澳門的起點。

絕非巧合的是，這本書在台灣出版，也正正呼應書中的重要主題：澳門經驗的某種跨地域性。

曾經有好幾年，我不定期為一個名為「兩岸公評網」的評論網站撰稿。這網站的目的是集合兩岸評論人對政治、社會、文化的看法，呈現不同的觀點。編輯陳奕廷跟我說，他不想遺漏澳門人的聲音，所以邀請澳門作者加入。然後在前年，我收到遠足文化出版社編輯賴虹伶的電郵，邀我寫一本關於澳門的書。她說，看到我在「兩岸公評網」的文章，想到台灣人常聽到澳門，也有不少人去澳門玩，但市面上卻沒有一本嚴肅地介紹澳門的書，於是就找我合作。

這兩位編輯朋友都要呈現澳門的聲音、挖掘澳門的故事，讓這個隱形的城市現形。我想，換了在二十年前，一個負責兩岸評論的編輯未必會堅持要有澳門人的觀點，一個台灣出版社的編輯也不見得會想出一本關於澳門的書。

然後，也許是因為葡式蛋塔曾經的盛行，也許因為澳門賭業的成功，也許因為有關澳門的吃喝玩樂及文化遺產的資訊在台灣曝光的機會增多，這兩位編輯——以及其他對澳門好奇的台灣人、香港人及大陸人——開始看到澳門的某種趣味，隱約覺得這個小城的故事、經驗、文化，也許值得借鏡。而收到他們的邀請時，我作為一個曾經對本土議題視而不見的澳門人，也剛好累積了一些對於澳門的觀察與思考，可供分享。一本書的奇妙緣份背後，是一個發現澳門的歷程。

更有意思的是，看過這本書的初稿之後，編輯虹伶的第一反應並非「原來澳門是這樣的呀」，而是「展鵬你講的澳門情況處處令我想到台灣呢」。這就是閱讀異文化的最大趣味：我們不但了解到他者，而且從他者看到自己。

我在本書第三章用了「遲來了數百年的初戀」去比喻澳門人來得很晚的本土身份覺醒。同理，在台灣出版一本關於澳門社會文化的書，背後也是漫長的等待：我跟台灣朋友都花了很多很多年才終於對澳門好奇，看到這個我們一度忽視的城市。這就是本書導論中說的，澳門內外的人一直存在「逆向幻覺」：有些東西明明就在眼前，卻一直彷如隱形，不被看見。打破對澳門的「逆向幻覺」，就是這本書的一大宏願。

這本書的不少章節來自過去多年我在澳門發表的文章，我花了幾個月時間統合整理，又加了好些新的內容。書寫過程中，我梳理了過去逾十年對澳門的觀察思考，也再次審視自己跟這城市的關係。對這個城市，我愛恨交纏。這裡有我少年時代的珍貴回憶，我也喜歡這城市的老建築、舊城區與南歐風味，這裡有太多未被發掘的故事。也因為澳門的藝文創作與本土研究累積薄弱，所以這也是一片書寫與論述的荒地，空間無限大，充滿可能性。

但另一方面，這城市被過度發展的賭博旅遊業所扭曲，已是越來越不可愛，不少澳門人的公民素質與社會意識，亦仍然令人搖頭。今天，澳門人薪水不錯，很多人只要一有時間就像逃難似的出外旅行，只要有三天假期，臉書就被旅行照洗版。一方面對這城市的認同增強，但另一方面卻越來越受不了這城市，這就是不少澳門人——包括我——的複雜心情。

但無論如何，我感謝澳門把我帶上這尋問之旅，在讓它現形、嘗試打破「逆反幻覺」的旅程中，我思考了很多，這些思考又往往把我從澳門帶到其他國家城市，最後加深了對世界的了解。不知道對於台灣或香港朋友來說，澳門故事又會把你們的思緒帶到哪裡？是台灣跟荷蘭人及鄭成功的關係？是台南小吃跟日本的淵源？是未來台灣可能開賭場要面對的問題？是與澳門迥異的港英殖民管治？是與澳門截然不同的香港城市文化？

出版社叫我建議書腰上的文案，我想到的其中一句話是：「如果你書架上還沒有一本關於澳門的書，就讓這本成為第一本吧！」其實，我當時沒想到的、更具野心的一句話是：「如果你不曾以澳門之名想像世界，就讓這本書成為起點吧！」

希望大家享受這一趟澳門之旅、世界之旅。

鳴謝以下朋友及單位提供本書圖片

攝影師陳顯耀

攝影師黃文輝

畫家袁偉業

畫家霍凱盛

畫家蘇文樂

《為小潭山增高一米》創作團隊

天下一電影公司

電影《奧戈》劇組

國家圖書館出版品預行編目 (CIP) 資料

隱形澳門：被忽視的城市與文化 / 李展鵬著 . -- 初版 .
-- 新北市 : 遠足文化 , 2018.02
面； 公分
ISBN 978-957-8630-19-2 ( 平裝 )

1. 歷史 2. 澳門特別行政區

673.92 107000363

# 隱形澳門
## 被忽視的城市與文化

作者—— 李展鵬
封面攝影— 黃文輝
出版總監— 陳蕙慧
副主編—— 賴虹伶
編輯協力— 何亞龍
企劃—— 吳儒芳
封面設計— 兒日
排版—— 簡單瑛設、雅云

社長—— 郭重興
發行人兼
出版總監— 曾大福
出版者—— 遠足文化事業股份有限公司
地址—— 231 新北市新店區民權路 108-2 號 9 樓
電話—— (02)2218-1417
傳真—— (02)2218-8057
電郵—— service@bookrep.com.tw
郵撥帳號— 19504465
客服專線— 0800-221-029
部落格—— http://777walkers.blogspot.com/
網址—— http://www.bookrep.com.tw
法律顧問— 華洋法律事務所 蘇文生律師
印製—— 呈靖彩藝有限公司
電話—— (02)2265-1491

初版一刷 西元 2018 年 2 月
Printed in Taiwan